어린이를 위한
아주 작은 습관의 힘

ⓒ 전지은, 2019

이 책의 저작권은 저자에게 있습니다.
저작권법에 의해 보호를 받는 저작물이므로
저자의 허락 없이 무단 전재와 복제를 금합니다.

전지은 글 · 손지희 그림 · 노규식 감수

꿈을 이루는
첫 번째
습관 만들기

어린이를 위한
아주 작은
습관의 힘

비즈니스북스

**어린이를 위한
아주 작은 습관의 힘**

1판 1쇄 발행 2019년 12월 9일
1판 13쇄 발행 2024년 12월 20일

지은이 | 전지은
발행인 | 홍영태
편집인 | 김미란
발행처 | (주)비즈니스북스
등 록 | 제2000-000225호(2000년 2월 28일)
주 소 | 03991 서울시 마포구 월드컵북로6길 3 이노베이스빌딩 7층
전 화 | (02)338-9449
팩 스 | (02)338-6543
대표메일 | bb@businessbooks.co.kr
홈페이지 | http://www.businessbooks.co.kr
블로그 | http://blog.naver.com/biz_books
페이스북 | thebizbooks
인스타그램 | bizbooks_kr
ISBN 979-11-6254-117-3 73810

* 잘못된 책은 구입하신 서점에서 바꾸어 드립니다.
* 책값은 뒤표지에 있습니다.
* 비즈니스북스에 대한 더 많은 정보가 필요하신 분은 홈페이지를 방문해 주시기 바랍니다.

> 비즈니스북스는 독자 여러분의 소중한 아이디어와 원고 투고를 기다리고 있습니다.
> 원고가 있으신 분은 ms1@businessbooks.co.kr로 간단한 개요와 취지, 연락처 등을 보내 주세요.

감수의 글

영재의 비밀,
습관으로 완성하다

SBS 〈영재발굴단〉에서 만난 아이들을 살펴보면 공통점이 있습니다. 그들은 항상 무언가에 열중하고 있습니다. 누가 시키지 않아도, 아니 말려도 그들은 열심히 생각합니다. 스치는 바람처럼 잠깐 집중하다 마는 것이 아니라 점점 더 푹 빠져서 오랫동안 생각하고, 체험하고 성장해 나갑니다.

이런 영재들을 볼 때 우리는 이들의 비밀을 그들이 가지고 태어난 재능에서 찾으려고 합니다.

"엄마 아빠가 다 공부 잘했으니까, 그 아이도 그런 걸 거야."

"부모가 모두 운동선수였잖아. 그러니까 아이가 잘할 수밖에 없지."

하지만 사실, 똑같은 조건을 가진 부모 밑에서도 전혀 다른 아이가 자란다는 것을 우리는 잘 알고 있습니다. 이는 영재에게 타고난 재능 그 이상의 무엇이 있다는 의미지요.

우리는 보통 재능을 발현하기 위해서 '끈기'가 필요하다고 말합니다. 그러나 그 전에 선행돼야 할 것이 있습니다. 바로 '습관'입니다. 성공을 위한 끈기가 지속되려면 그 행동이 먼저 몸에 배야 합니다.

이 과정에서 '의식적 연습'을 하는 것이 매우 중요한데, 대개는 아주 단순하고 작은 것이어서 시시하기도 하고, 단조롭기도 하고, 지루하고 때론 힘들기도 합니다. 좋아하는 것을 잘하게 되는 결정적 단계가 바로 이 '의식적 연습' 단계입니다.

저는 오랜 기간 아이들이 이 '의식적 연습'의 단계를 넘지 못하여 성공을 경험하지 못하고, 좌절하고 열정을 잃어버리는 것을 종종 목격했습니다. 그때마다 안타깝고 마음이 아팠습니다. 어떻게 하면 우리 아이들이 열정을 잃지 않고, 성공을 경험하며, 잠재력을 계속 키울 수 있는지 고민이 되었습니다.

그러던 중 우연히 만난 이 책은 저의 오랜 고민에 답을 주었습니다. 이 책은 의식적 연습, 즉 습관 만들기에 관한 두 가지의 흥미로운 관점을 가지고 출발합니다.

첫째, '목표는 중요하지 않다. 문제는 시스템이다'라는 관점입니다. 즉 뚜렷한 목표보다 일상의 습관에 성공이 달려 있다는 것이죠. 이러한

관점은 우리가 높은 목표와 동기에 부담을 갖지 않아도 되고, 심지어 현재 목표가 부족해도 얼마든지 좋은 습관을 기를 수 있다는 희망을 보여 줍니다.

두 번째 중요한 특징은 습관을 아주 작고 쉬운 일부터 시작하라는 것입니다. 마음을 크게 먹고 새로운 습관을 기르려고 하여도 늘 작심삼일인 것은 실천하기 어렵기 때문입니다. 아주 쉬운 것부터 시작해서 하나씩 붙여 나가면 원하는 습관을 기를 수 있습니다.

원하는 습관을 갖는다는 것은 '내가 되고 싶은 사람'이 되어 간다는 의미입니다. 이 책은 어린이들에게 좋은 습관을 갖는 방법과 나쁜 습관을 없애는 방법을 알려주고 있습니다.

그리고 처음 2분으로 시작하는 작은 습관으로 나의 생활이 어떻게 바뀌는지를 경험하게 해 줍니다. 그 과정에서 얻게 되는 순간순간의 성취감과 뿌듯함은 돈으로도 살 수 없는 값진 경험이 되는 거죠. 그렇게 스스로 맛본 작은 성취는 새로운 습관을 만들고 더 큰 꿈으로 나아가는 원동력이 될 것입니다.

이 책이 우리 아이들이 끈기를 유지하고, 잠재력을 키우는 결정적 열쇠가 될 '아주 작은 습관'을 갖는 데 훌륭한 길잡이가 되었으면 합니다.

노규식 박사 (연세 휴 클리닉, 공부두뇌연구원 원장)

차례

감수의 글 영재의 비밀, 습관으로 완성하다 … 5

알쏭달쏭 이상한 숙제 … 11
습관 만들기 1 나에겐 어떤 습관이 있을까? … 24

날마다 메뉴가 바뀌는 식당 … 25
습관 만들기 2 나는 이런 사람이에요 … 43

요리를 배우고 싶어! … 44
습관 만들기 3 '내가 되고 싶은 나'는 어떤 모습일까? … 65

칼질은 너무 어려워 … 66
습관 만들기 4 '2분의 법칙'으로 습관을 만들어요 … 80

만들고 싶은 습관이 생겼어! … 81
습관 만들기 5 습관은 쌓아야 내 것이 된다 … 91

도전! 요리 경연 대회 … 92
습관 만들기 6 습관이 이토록 신날 줄이야! … 114

친구를 위한 특별 요리 　　　　　　　　　　 115
　　습관 만들기 7　습관에는 환경이 중요해!　　 125

여름 방학, 요리는 즐거워 　　　　　　　　 126
　　나쁜 습관 없애기 1　나쁜 습관 찾는 방법　　 140

파프리카는 먹기 싫어 　　　　　　　　　　 141
　　나쁜 습관 없애기 2　나쁜 습관 버리기 기술　 150

나도 이제 요리사! 　　　　　　　　　　　　 151
　　나쁜 습관 없애기 3　생각의 전환이 필요해!　 169

예상치 못한 큰 선물 　　　　　　　　　　　 170
　　나쁜 습관 없애기 4　나만의 벌칙 정하기　　 181

습관은 힘이 세다 　　　　　　　　　　　　 183
　　습관 만들기 8　나에게 딱 맞는 습관을 찾아서　 192

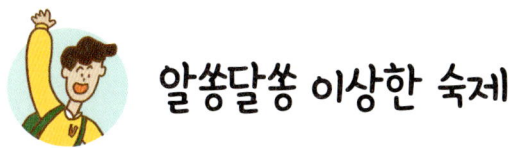 **알쏭달쏭 이상한 숙제**

아직은 찬 바람이 부는 3월, 새 학년 첫날이었다. 민서는 두 손을 비비며 교문 안으로 들어섰다. 이맘때의 학교는, 늘 그랬듯이 어딘가 어수선하고 들떠 보였다.

민서는 천천히 학교의 창문을 둘러보았다. 작년에는 3층에 있던 6학년 2반 교실이 올해에는 4층으로 올라가 있었다.

'아우, 계단 올라가려면 힘들겠다.'

민서는 고개를 푹 숙인 채 계단을 올라 쭈뼛거리며 새 교실로 들어섰다. 낯선 풍경과 낯선 냄새, 낯선 얼굴……. 민서는 짧게 한숨을 한 번 쉬고 비어 있는 자리로 가 앉았다.

시간이 지나며 아이들은 점점 더 많아졌지만, 몇몇 아이들이 소곤거리는 소리만 들릴 뿐 교실 안은 조용하기만 했다. 그런데 잠시 후, 누군

가가 소리를 지르며 들어왔다.

"야! 정민서! 치사하게!"

너무나 익숙한 목소리. 민서는 순간적으로 몸을 움츠리며 책상 위로 엎드렸다.

"우와, 대박! 현준이랑 동훈이도 같은 반이네? 우하하, 축구하면 우리 반 맨날 1등 하겠다! 우현아, 너 다이어트 했냐? 왜 이렇게 날씬해졌어? 이야, 성빈이 너는 머리 짧은 게 훨씬 잘 어울린다!"

떠들썩하게 인사를 나누며 성큼성큼 걸어 들어온 아이는 승우였다. 민서가 기억도 안 나는 아기 때부터 친구였다는 승우. 엄마한테 들은 바로는, 민서가 막 걸음마를 시작할 무렵 지금 살고 있는 아파트로 이사를 왔고, 층간 소음을 걱정한 엄마가 음료수를 들고 인사하러 갔을 때 아래층에 사는 승우 엄마를 만났단다. 그때부터 엄마들은 가까워졌고, 민서와 승우도 자연스럽게 친구로 자라게 되었다.

"야, 너 진짜 너무한다. 우리가 초등학교 6년 만에 처음으로 같은 반이 되었는데, 우정 넘치게, 나란히 등교해야 하는 거 아니냐?"

승우는 민서 옆자리에 가방을 내려놓으며 툴툴거렸다.

"아까 내가 전화했잖아. 너는 아직 준비 안 됐다며?"

"딱 10분이면 되는데 그걸 못 기다려?"

"내가 왜? 난 준비 다 끝났는데?"

민서 말에 승우는 고개를 절레절레 저었다.

"아, 진짜 너무해. 너무 이기적이야."

민서가 '쳇' 하며 웃어 보이자, 승우가 민서 옆으로 몸을 바짝 붙이며 물었다.

"야, 근데 너, 우리 담임 샘 누군지 알아?"

민서는 고개를 저었다.

"하아, 박현아 선생님은 절대 안 되는데……."

승우는 손톱을 물어뜯으며 교실 문을 쳐다보았다.

"왜?"

"우리 집 정민서, 5학년 때 선생님이잖아."

승우가 말하는 '우리 집 정민서'는 승우의 누나였다. 승우보다 세 살이 더 많은 누나는 민서와 성과 이름이 모두 같았다.

"왜? 무섭대?"

"응, 무섭지. 엄청 무서워."

승우는 진저리까지 치며 말했다.

"진짜? 얼마나?"

"공부를 아주 무섭게 시키는 것 같아. 지금 정민서가 미친 듯이 공부하는 게 5학년 때부터 그러는 거거든."

민서도 승우네 누나가 공부를 정말 열심히 한다는 걸 알고 있었다.

"오오, 너한테 꼭 필요한 선생님이다. 넌 공부 좀 해야 돼."

승우가 고개를 돌려 민서를 확 노려보았다.

"아우 진짜! 하여튼 그 선생님은 절대 안 돼."

그때, 수업 시간을 알리는 종소리가 들려왔다. 민서도 저도 모르게 승우를 따라 교실 문 쪽으로 고개를 돌렸다. 승우는 기도라도 하듯 두 손을 모아 꼭 잡고 있었다.

"여러분, 안녕!"

선생님의 등장과 함께 승우는 고개를 푹 떨어뜨렸다. 환하게 웃으며 교실로 들어선 선생님은 지금까지 승우를 바들바들 떨게 했던, 바로 그 박현아 선생님이었다.

"와! 교실이 아주 환하다. 모두들 첫인상이 너무 좋은데? 반가워요. 내 이름은……."

선생님은 칠판에 크게 '박현아'라고 썼다. 승우는 체념한 듯 한숨을 내쉬었다.

"우리 학교에서 4년째 가르치고 있으니, 대부분 나를 알고 있겠지?"

아이들은 고개를 끄덕이며 듣고 있었다.

"흠, 나는 무엇보다 이번 1년 동안 여러분과 즐겁게 지내는 게 목표예요. 나중에 6학년을 돌이켜 봤을 때, '그때 참 재미있고 기억에 남는 일들이 많았다'라고 생각할 수 있으면 좋겠어요. 그러니까 우리 모두

파이팅!"

 선생님은 두 주먹을 불끈 쥐어 보였다. 아이들은 좀 머쓱한 듯했지만 웃는 얼굴로 '파이팅'을 외쳤다. 승우는 주먹을 힘없이 흔들 뿐 말이 없었다.

 "그럼 오늘은 첫날이니까, 힘차게 첫 수업을 해 볼까?"

 "아우……."

 선생님 말씀에 여기저기서 기운 빠진 목소리들이 흘러나왔다. 승우는 모든 걸 포기한 표정으로, 여전히 손톱을 물어뜯으며 민서에게 귓속말을 했다.

 "봐 봐, 첫날부터 수업이라니 말이 되냐? 내 말이 맞지? 우린 망했어."

 승우가 중얼거리는 동안에도 아이들은 '아우우', '아이잉!' 등등 온갖 의성어를 쏟아냈다.

 "하하하. 내가 이럴 줄 알았지. 그러면 오늘은 자기소개나 한번 해 볼까? 그런데 자기소개가 끝나도 시간이 남으면 수업할 거니까, 최대한 성의를 다해 멋지게 하기! 무슨 말인지 알지요?"

 "네에!"

 아이들은 정말 성심성의껏 자기소개를 하기 시작했다. 가족 소개, 취미, 특기는 기본이고 초등학교 다니는 동안 배웠던 것, 재미있게 보았던 영화, 자기만의 특이한 개성 등 별별 이야기들을 다 쏟아냈다. 어쩌다 자기소개가 짧다 싶으면 모두들 "좀 더 해!", "길게 해!"를 외치며 어떻게든 시간을 끌어 보려 했다.

드디어 승우 차례가 되었다. 승우는 비장한 표정으로 교탁에 섰다. 그리고 아이들을 둘러보며 말했다.

"제 이름은……, 뭘까요?"

아이들은 옆자리의 짝과 얼굴을 마주 보며 키득거렸다. 아마도 자기소개를 하는 동안 이런 식으로 시간을 끌어 볼 생각인 것 같았다. 아이들이 여기저기서 "몰라요!", "몰라! 몰라!"라고 소리쳤다. 민서가 피식 웃고는 어깨를 으쓱하며 대답했다.

"정승우!"

승우는 실눈을 뜨고 민서를 노려보았다.

"흠흠, 자, 그렇다면 저의 취미는…… 무엇일까요?"

"십자수!"

"땡! 틀렸습니다."

"인형 놀이!"

"땡!"

아이들은 와하하 웃으며 말도 안 되는 답을 외쳤다.

"에이, 이건 반칙이잖아. 승우야, 정정당당하게! 응?"

'반칙'이라는 말에 승우의 두 눈이 움찔했다. 운동을 좋아하는 승우에게 반칙이라는 말은 웃어넘기기 어려울 터였다.

"네에, 알겠습니다! 저는 정승우이고, 취미는 여러 가지 운동입니다. 그중에서도 제 특기는 축구인데요, 3학년 때는 1년 동안 총 25골을 넣었고, 4학년 때는 총 38골을 넣었습니다. 거의 최고의 공격수라고 할 수 있죠. 그리고……."

승우는 처음부터 끝까지 축구 이야기만 늘어놓다가 자기소개를 마쳤다. 그다음 순서인 민서가 쭈뼛쭈뼛 자리에서 일어나 교탁에 섰다.

"저는 정민서입니다. 아, 별로 소개할 게 없는데……."

승우가 두 손으로 X자를 그리며 인상을 잔뜩 찌푸린 채 민서를 노려보았다. 그러더니 다급하게 외쳤다.

"너 요리 잘하잖아. 음식 얘기라도 해!"

민서는 승우를 살짝 노려보았다. 요리에 관심이 많고 좋아하는 건 사실이지만 많은 아이들 앞에서, 심지어 처음 보는 아이들도 있는데 무턱대고 요리 얘기를 하고 싶진 않았다. 그러나 승우와 눈싸움을 하고 있을 시간이 없었다. 민서가 말을 이어 가지 못하고 있는 동안 아이들의

표정이 좋지 않았기 때문이다. 민서는 다급히 자기소개를 이어 갔다.

"저는 음식 만드는 걸 좋아합니다. 작년에 요리 동영상을 보면서 관심을 갖게 됐어요. 아빠가 요리를 잘하셔서 조금씩 배워 가며 음식을 만들어 보고 있습니다."

여기까지 얘기하고 무슨 말을 더 해야 할지 몰라 잠깐 멈춘 사이 한 아이가 손을 번쩍 들었다.

"어떤 음식을 잘 만드나요?"

"만들 수 있는 게 많지는 않은데, 그중에서 잘하는 건······."

"주먹밥 잘 만들어요!"

승우가 신이 난 듯 외쳤고, 민서는 어리바리한 표정으로 고개를 끄덕이며 말했다.

"아, 네, 주먹밥인가 봅니다."

민서의 말에 아이들이 웃음을 터뜨렸다. 민서는 그 뒤로도 한참 동안 요리에 대한 이야기를 하고 나서야 자리로 돌아올 수 있었다.

"큭큭, 이제 애들이 너 보면 먹을 것만 생각나겠다."

승우가 키득거리며 말했다.

"그러는 넌? 네 뒤통수는 축구공으로 보일 거다."

민서가 쏘아붙이자 승우도 인정한다는 듯이 고개를 끄덕였다.

그렇게 기나긴 자기소개 시간이 끝이 났다. 어떤 아이는 집에서 키우는 강아지에 대해 이야기했고, 어떤 아이는 우주와 별에 관심이 많다며 별 이름과 특징을 주르륵 설명하기도 했다. 아이들 이름은 다 몰라도 얼굴을 보면 자기소개 때 했던 이야기들이 단번에 떠오를 것 같았다.

"오늘 여러분이 한 자기소개, 재미있게 잘 들었어요. 여러분도 처음 만난 친구들과 한결 더 가까워진 느낌이었을 거예요. 그렇죠?"

"네에!"

아이들이 한 목소리로 외쳤다. 선생님은 책상 위에 올려 두었던 가정통신문을 나누어 주었다. 거기에는 선생님 이름과 전화번호, 그리고 부모님께 보내는 인사말 같은 것이 적혀 있었다.

"이 통신문은 집에 가서 부모님께 꼭 전해 드리도록 하세요. 그리고 내가 여러분에게 특별히 부탁하고 싶은 게 하나 있어요."

아이들은 가정통신문을 가방에 넣으며 선생님을 바라보았다.

"오늘 집에 돌아가면 여러분 모두 자신의 습관이 무엇인지 한번 적어 봤으면 좋겠어요."

"습관이요?"

아이들이 고개를 갸웃거렸다.

"응, 맞아요, 습관!"

"어떤 습관을 써야 해요?"

"어디에 쓰는 거예요?"

여기저기서 질문이 쏟아졌다.

"어떤 습관을 쓰든, 어디에 쓰든 상관없어요. 여러분의 습관을 생각나는 대로, 쓰고 싶은 만큼, 쓰고 싶은 데다 쓰면 돼요. 그러다 보면 자신이 어떤 습관을 가지고 있는지 정확하게 알 수 있지 않을까요?"

아이들은 선생님의 설명을 듣고도 여전히 잘 모르겠다는 얼굴로 웅성거렸다.

"자, 오늘은 다들 정말 반가웠어요. 우리 내일 또 활기차게 만납시다! 오늘 수업 끝!"

선생님은 종례를 마치고 교실을 나갔다.

"아흑, 이럴 줄 알았어. 새 학기 첫날부터 숙제라니! 이게 말이 돼?"

승우는 엎드린 채 책상을 치며 소리쳤다. 다른 아이들도 표정이 밝진 않았다.

학교를 나와 학원으로 가는 길, 한참을 말이 없던 승우가 민서에게 물었다.

"민서야, 너 숙제 할 거야?"

"당연히 해야 되는 거 아니야?"

"아니, 마음대로 쓰라고 하셨잖아. 그러면 안 해도 되는 거 아닐까?"

"그래도……. 안 하면 찜찜할 것 같은데?"

"아, 진짜 하기 싫다. 학원 숙제도 많아져서 짜증 나는데. 우린 이제 완전히 망했어. 1년 동안 숙제에 깔려 쓰러지게 생겼다고!"

승우는 시무룩한 얼굴로 한숨을 푹푹 쉬어 댔다.

"그 정도는 아니다, 뭐."

"아아악! 내가 너랑 무슨 말을 해! 아주 그냥 우리 집 정민서랑 똑같아!"

"하아……. 진정해, 진정해."

민서는 승우의 어깨를 토닥이며 말했지만, 아무런 위로가 되지 못할 게 분명했다.

나에겐 어떤 습관이 있을까?

- 우리는 누구나 여러 가지 습관을 갖고 있습니다. 그중에는 바꿔야 할 나쁜 습관도 있겠고, 계속 가지고 가야 할 좋은 습관도 있을 것입니다. 우선 자기도 잘 모르고 있던, 오래된 습관을 한번 찾아봅시다. 우리가 하는 행동을 아주 작게 나누어서 순서대로 하나씩 적어 보면 됩니다.

📌 아래와 같이 '아침에 일어나서 학교에 갈 때까지' 습관을 적어 봅시다

습관 목록 예시	나의 아침 습관 목록
- 알람을 끈다. - 화장실을 간다. - 세수를 한다. - 스마트폰을 켠다.	

📌 이번에는 학교에 다녀와서 잠잘 때까지의 습관을 적어 봅시다. (위의 예를 참고하세요)

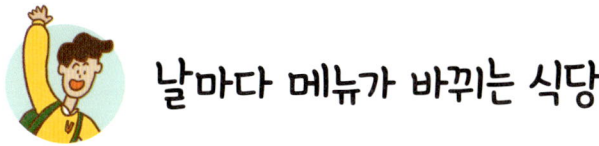

날마다 메뉴가 바뀌는 식당

"오늘 어땠어? 승우랑 같은 반 되니까 좋지?"

저녁 식사를 하며 엄마가 물었다.

"뭐, 그냥요. 학교에서 가족 만나는 느낌?"

민서가 심드렁하게 대답하자 엄마가 웃음을 터뜨렸다.

"하긴 너희가 형제처럼 자라긴 했지. 선생님은 어떠셔?"

"저는 아직 잘 모르겠는데, 승우는 난리 났어요."

"왜?"

"승우네 누나가 5학년일 때 담임 선생님이셨는데, 공부를 엄청 시키셨대요. 난리 날 만하죠?"

민서의 말에 엄마는 웃기만 할 뿐이었다.

식사를 마치고 방에 들어와 스마트폰을 보고 있는데, 승우에게서 전화가 걸려 왔다.

"왜? 뭔데?"

"하아, 야! 우리 집 정민서가 그러는데, 이제 시작이래."

"갑자기 그게 무슨 말이야?"

"선생님이 내준 숙제 있잖아, 그거 해야 되냐고 물어봤더니 대답은 안 하고 그냥 '이제 시작이다!' 요렇게만 말했다니까. 어떤 습관을 적어야 되는지, 얼마나 적어야 되는지 다 물어봤는데 아무것도 대답을 안 해. 완전 짜증 나!"

"네가 얼마나 귀찮게 했으면 그러겠냐?"

"뭐? 하여튼 내 편은 이 세상에 아무도 없어!"

"얼른 숙제나 해. 나도 이제 해야겠다."

민서는 전화를 끊자마자 책상 앞에 앉았다. 그리고 책꽂이를 뒤적이기 시작했다.

'분명히 여기 어디에 뒀는데?'

지난 겨울 방학에 학원에서 쓰려고 사 둔 새 공책이 있는데 눈에 띄지 않았다. 한참을 찾던 민서는 결국 엄마를 불렀다.

"쯧쯧, 책꽂이 상태를 좀 봐라. 이렇게 엉망인데 어떻게 찾니? 대체 4학년 참고서들은 왜 아직도 쌓아 둔 거야?"

엄마는 혀를 차며 뒤죽박죽이 된 책꽂이를 뒤지다가 겨우 새 공책 하나를 찾아냈다. 그렇지만 온갖 책들 사이에서 잔뜩 구겨져 버린 상태라 도무지 새 공책으로 보이지 않았다.

"도대체 여기는 언제 정리할래? 옷장 속도 어지럽고, 침대 밑도 엉망일 텐데……. 하긴, 청소를 하면 뭐하니! 일주일도 안 돼서 다시 똑같은데……. 정말 답이 없다, 답이 없어. 어휴."

민서는 할 말이 없어 멀뚱한 표정을 지을 뿐이었다.

"아니, 그 책상 위에 공책을 펼 자리가 있긴 한 거니?"

엄마가 어이없다는 얼굴로 민서의 책상을 쳐다보았다. 민서는 책상 위에 널브러져 있는 이런저런 물건들을 한쪽으로 쓱 밀쳐놓고 공책을 폈다. 엄마는 포기했다는 듯 고개를 흔들며 방에서 나갔다.

민서는 공책을 펼치고, 맨 먼저 '손톱을 물어뜯는다'라고 썼다. 이 습관은 워낙 어릴 때부터 있었던 거라 금방 떠올릴 수 있었다. 그런데 그 다음엔 뭘 써야 할지 몰라 한참 동안 생각해야 했다. 그러다 겨우 '책을 읽으며 낙서를 한다', '밥을 먹으며 스마트폰을 본다',

'가끔 다리를 떤다', 이렇게 몇 가지 습관을 적고는 공책을 덮었다. 뭔가 제대로 끝낸 것 같지 않아 찜찜했지만 어쩔 수 없었다. 떠오르는 습관은 정말 그게 다였다.

다음 날, 교실로 들어선 승우와 민서는 전날처럼 나란히 앉았다. 둘 다 책가방에서 공책을 꺼내 교탁 위에 올려 두었다. 마음대로 쓰라는 선생님 말씀 때문인지 교탁 위에는 공책, 종이, 수첩 들이 뒤섞인 채로 쌓여 있었다.

잠시 후, 수업 시작종이 울리고 선생님이 들어왔다.

"다들 잘 자고, 잘 일어나고, 아침도 잘 먹고 왔겠지?"

아이들이 웃으며 "네!" 하고 대답했다.

"그런데 이건 뭐야?"

선생님은 교탁 위에 쌓여 있는 숙제들을 후루룩 넘겨보며 물었다.

"어제 선생님이 습관 적어 오라고 하셔서……."

한 아이가 말끝을 흐리며 대답했다.

"그렇지. 내가 적어 보라고 했지. 그런데 이걸 왜 냈어?"

"네에?"

아이들은 어리둥절한 얼굴로 서로를 쳐다보았다.

"내가 습관을 적으라고는 했지만 내라고 한 적은 없는 것 같은데?"

선생님 말씀에 승우는 머리카락을 쥐어뜯었다.

"아, 속았어. 다 속았다고……. 안 해도 되는 걸 괜히 했어."

이런 반응은 승우뿐만이 아니었다. 여기저기서 "괜히 썼어.", "아, 쓰느라 힘들었는데!"라는 말들이 툭툭 터져 나왔다.

"하하하. 다들 고생했어요. 그러니까 여기 낸 것은 다들 가지고 들어가세요!"

아이들은 우르르 앞으로 나가 자기가 낸 것을 가지고 자리로 들어와 앉았다.

"그런데 여러분, 이 습관들 적으면서 무슨 생각을 했어?"

선생님의 질문에 아이들이 한마디씩 답을 하기 시작했다.

"이렇게 나쁜 습관이 있는지 몰랐어요."

"고쳐야 될 습관이 너무 많아요."

그러자 승우는 민서에게 귓속말을 했다.

"그것 봐. 우리만 형편없는 게 아니었어."

아이들의 말을 가만히 듣고 있던 선생님이 웃으며 물었다.

"내가 아까 대충 훑어봤는데, 왜 그렇게 다들 나쁜 습관만 적었지?"

아이들은 모두 어리둥절한 얼굴이 되었다.

"그런 걸 적어야 되는 거 아니에요?"

한 아이의 물음에 선생님은 또다시 웃음을 터뜨렸다.

"나쁜 습관만 적으라고 한 적은 없는데? 안 그래?"

그제야 아이들은 "아, 맞다!" 하며 고개를 끄덕였다.

"내 생각에 여러분은 분명히 좋은 습관도 많이 가지고 있을 거야. 그러니까 이렇게 나쁜 습관만 적지 말고 좋은 습관도 한번 적어 보면 어떨까?"

"어떤 게 좋은 습관이에요?"

한 아이가 고개를 갸웃거리며 물었다.

"뭐, 여러 가지가 있지. 외출했다 돌아왔을 땐 곧장 손을 씻는다든가, 책을 다 읽으면 책꽂이에 꽂아 정리해 둔다든가, 밥 먹고 나서 양치질을 꼭 한다든가……."

그러자 아이들 사이에서 "어, 나도 그런 거 잘하는데…….", "나도, 나도!" 하는 말이 터져 나왔다. 승우도 고개를 끄덕이며 선생님 말씀에 집중했다.

"선생님, 그것도 적기만 하고 안 내는 거예요?"

여자아이 한 명이 손을 들고 물었다. 선생님은 고개를 끄덕이며 대답했다.

"그럼, 당연하지. 내가 습관을 적어 보라고 한 건 여러분의 습관이 궁금해서 그런 게 아니야. 여러분 스스로 자기가 어떤 습관을 가지고 있는지 생각해 보면 좋겠어서야. 다들 습관 적을 때 평소 자신의 모습을 떠올려 봤지?"

"네!"

아이들이 한 목소리로 대답했다.

"그런데 이렇게 나쁜 습관만 적었다는 건, 자기의 나쁜 모습만 생각했다는 거잖아."

승우가 고개를 크게 끄덕였다.

"그러니까 이번에는 좋은 습관을 한번 적어 보라는 거야. 좋은 습관을 적다 보면 자기가 어떤 걸 잘하고 있는지도 생각해 볼 수 있을 것 같은데, 그렇죠?"

아이들은 모두 고개를 끄덕였다.

학교 수업이 끝나고 곧장 집으로 온 민서는 침대에 비스듬히 누운 채 스마트폰을 켰다. 그리고 동영상 사이트에서 요리 동영상을 찾아보기 시작했다. 동영상을 찾아 재생하려는 순간, 갑자기 책상 위에 놓여 있는 가방이 눈에 들어왔다. 그러더니 연이어 선생님이 얘기했던 '좋은 습관 적기'가 떠올랐다.

'꼭 해야 되나? 그냥 하지 말까?'

민서는 가방과 스마트폰을 번갈아 바라보며 고민하기 시작했다. 사실 안 해도 그만일 것 같았다. 하지만 선생님 말씀이라 그런지, 안 하고 가만히 있는 것도 어딘가 찜찜했다. 민서는 천천히 몸을 일으켜 가방을 열고 공책을 꺼냈다.

'일단 해 보고 하기 싫으면 관두지, 뭐.'

민서는 공책을 펴 놓고 자신이 갖고 있는 좋은 습관이 무엇인지 생각해 보았다. 그러고는 첫 번째로 '샤워를 매일 한다'라고 썼다. 그다음 줄에는 '양치질을 잘한다'라고 썼다.

'에이, 이건 다 너무 시시하잖아.'

민서는 자기가 하루종일 무엇을 하는지, 그중에 좋은 습관은 없는지 다시 생각해 보았다. 민서는 아침에 일어나 학교에 가고, 수업이 끝나고 나면 일주일에 세 번 학원에 갔다. 학원에 가지 않는 날은 집에서 텔레비전을 보거나 스마트폰을 보고, 엄마와 아빠가 일을 마치고 집에 오면 함께 저녁을 먹었다. 그런 후에는 또 텔레비전을 보거나 스마트폰을 보고 나서 잠을 자는 게 하루 일과의 전부였다. 아무리 생각을 짜내고 또 짜내 봐도 민서가 갖고 있는 좋은 습관은 샤워하기와 양치질하기가 전부인 것 같았다.

'에잇, 안 해. 안 써!'

민서는 신경질적으로 공책을 덮어 책상 한쪽에 밀어 두었다.

다음 날, 학교로 가는 길에 승우가 뭔가 생각난 듯 민서에게 물었다.

"너, 습관 써 봤어?"

"쓰다가 관뒀어."

"왜에?"

"좋은 습관이 없어."

"에이, 좋은 습관이 왜 없어?"

"진짜로 없어. 샤워하는 거랑 양치하는 거 말고는 없어."

민서의 말을 듣던 승우가 갑자기 어깨를 툭 치며 말했다.

"너 부모님께 존댓말 쓰잖아."

승우의 말에 민서는 고개를 갸우뚱하며 말했다.

"그건 너도 마찬가지잖아."

"그렇지. 그러니까 우리는 엄청 예의가 바른 거지. 그런 게 좋은 습관 아니야?"

승우의 말에 민서는 또다시 고개를 갸웃했다.

"그런가?"

"난 그런 것 같은데? 생각해 봐. 손 씻는 거나 양치질하는 게 뭐 특별해서 좋은 습관이라고 하냐? 평범한 일이어도 결과가 좋은 거면 좋은 습관이지."

"결과가 좋은 거?"

"응. 손 씻으면 전염병 예방에 도움이 되고, 양치질 잘하면 충치 예방에 도움이 되고, 존댓말 잘 쓰면 예의 바른 어린이가 되는 거잖아. 하여튼 나는 그런 거 다 써 봤더니 기분이 엄청 좋아지던데?"

승우 말대로라면 민서에게도 분명 좋은 습관이 몇 가지 더 있는 것 같았다. 민서는 오늘 다시 자신의 습관을 생각해 보기로 마음먹었다.

학교를 마치고 집으로 온 민서는 또다시 침대에 누워 스마트폰으로 요리 동영상들을 찾아보았다. 오늘 민서 눈에 들어온 요리는 돼지갈비 구이였다. 한참 집중해서 동영상을 보고 있을 때, 아빠한테서 전화가 왔다.

"민서야, 30분 뒤에 정문으로 나와. 저녁 먹으러 가자. 예약한 거니까 늦으면 안 돼."

"네. 알았어요."

민서는 전화를 끊고 동영상을 마저 보았다. 그러나 돼지갈비가 윤기를 좌르르 내며 한창 구워지고 있을 때에는 스마트폰을 끄고 일어나야 했다.

아파트 정문 앞에 엄마와 아빠가 민서를 기다리고 있었다.

"아빠, 뭐 먹으러 가요?"

"글쎄? 가 봐야 알겠는데?"

"네? 예약하셨다면서요."

"응. 예약은 했는데, 뭘 먹을지는 아직 몰라."

엄마는 민서를 보며 그저 웃기만 했다. 민서는 고개를 갸웃거리며 아빠와 엄마의 뒤를 따라 걸었다.

한 이십 분쯤 걸었을까? 아빠는 골목 안쪽으로 쓱 들어가 작은 식당 앞에서 멈춰 섰다.

"여기가 맞나?"

아빠는 문을 빼꼼 열어 살펴보더니 이내 함박웃음을 지으며 식당으로 들어갔다. 엄마와 민서도 뒤를 따랐다.

"이야, 정말 오랜만이다! 그동안 잘 지냈어?"

"보다시피 나야 잘 지냈지."

아빠는 주방에서 나온 요리사 아저씨를 가리키며 민서에게 말했다.

"민서야, 인사해. 아빠 고향 친구야."

민서가 고개를 숙여 인사하고 나서, 세 식구는 수저와 앞접시가 놓여진 깔끔한 탁자 앞에 앉았다. 민서는 처음 와 본 음식점 안을 찬찬히 둘러보았다. 둘러본다고 해 봐야 고개 한 번만 돌리면 모든 것이 다 보이는 작은 식당이었다. 탁자는 하나밖에 없는데, 주방은 꽤 널찍해 보였다. 탁자와 주방 사이에 가림막이 없어서 주방에서 요리하는 모습이 훤히 보였다.

"아빠, 그런데 우리 뭐 먹어요?"

민서는 아빠의 팔을 끌어당기며 작은 소리로 물었다.

"동호야, 우리 아들이 자꾸 뭘 먹는 건지 물어보는데?"

아빠가 주방을 바쁘게 오가며 요리하는 아저씨에게 물었다.

"아, 오늘은 돌솥밥에 냉이된장국이랑 두릅전, 그리고 가자미 구이랑 불고기를 할 거야. 뭐, 부족한가? 더 해 줄까?"

아저씨는 민서를 보며 물었다. 사실, 아저씨가 말한 메뉴 중에 민서가 좋아하는 건 불고기밖에 없었다. 그렇지만 민서는 이 상황이 너무 어색해 그저 고개만 저었다.

"하하하, 메뉴가 별로 마음에 안 드나 보네? 그러면 다음에 올 땐 아빠한테 얘기해서 미리 메뉴를 정해 줘. 하루 전에만 알면 만들어 줄 수 있으니까."

민서는 여전히 어색한 얼굴로 조용히 고개를 끄덕였다. 그때, 엄마가 민서에게 말했다.

"민서야, 여기는 정해진 메뉴가 없는 식당이야. 신기하지?"

"식당인데 메뉴가 없어요?"

민서가 놀란 얼굴로 엄마에게 물었다.

"응. 여기는 주방장님이 그날그날 가장 신선한 재료로 요리를 하기 때문에 날마다 메뉴가 달라진대."

"우와, 신기해요."

민서가 다시 한 번 식당을 살펴보며 말했다. 특별할 게 없는 곳이었는데, 엄마의 말을 듣고 보니 뭔가 조금 색다르게 느껴졌다.

잠시 후. 밥과 국, 반찬들이 1인분씩 세팅되어 있는 쟁반이 아빠와 엄마, 민서 앞에 하나씩 놓여졌다. 깔끔한 상차림이었지만, 민서 눈에는 그저 몸에만 좋고 맛은 별로인 음식들로 보일 뿐이었다.

"이야, 그 솥뚜껑 같은 손으로 이렇게 섬세한 상차림을 내다니, 정말 신기하다."

아빠가 아저씨를 보며 웃었다.

"어서 먹어. 배 많이 고플 텐데······."

아빠와 엄마, 그리고 민서는 수저를 들고 식사를 시작했다. 민서는 아빠가 하는 것처럼 돌솥의 밥을 그릇에 옮겨 담고, 돌솥에 따뜻한 물을 부었다. 그때 국을 한 숟갈 떠서 맛보던 엄마가 깜짝 놀라며 민서에게 말했다.

"어머, 민서야, 된장국 한번 먹어 봐. 기가 막히게 맛있어."

민서는 시큰둥하게 한 숟가락을 떠서 입에 넣었다. '어라? 된장국이 맛있네?' 민서는 깜짝 놀라 눈을 동그랗게 뜨고 엄마를 쳐다보았다.

"엄마 말이 맞지?"

엄마는 어느새 민서 앞에 있던 가자미 구이를 가져가 살을 발라내며 물었다. 민서는 고개를 크게 끄덕이고는 쉴 새 없이 국을 떠먹었다.

"동호야, 이 국 어떻게 끓인 거냐? 된장국은 거들떠보지도 않던 우리 아들이 아주 들이마시고 있다."

"그거 별거 없는데? 된장이 달라서 그렇겠지."

"그래? 된장은 직접 담근 거야?"

"응. 5년쯤 전에 담갔어."

"이야, 된장도 직접 담그고. 진짜 요리사라 뭐가 달라도 다르네. 예전에는 내가 훨씬 더 잘했는데……."

아빠의 말에 아저씨가 고개를 끄덕였다.

"그랬지. 너희 집에 가서 네가 해 주는 음식 많이도 먹었는데. 지금도 요리 잘하지?"

"그럼! 내가 우리 집 식사 담당이야. 우리 아들이 내 보조고."

"아, 아들이 요리를 해?"

민서는 밥을 먹으면서 아빠와 아저씨의 대화에 귀를 기울였다.

"아주 간단한 것만. 아직은 완전 초보 수준이지 뭐."

"그렇게 배우다 보면 할 수 있는 요리도 점점 많아지고 실력도 늘어 나는 거지."

"그러게, 제법 잘 따라 하더라고. 날 좀 닮았나 봐."

아빠와 아저씨는 음식에 대해, 또 어릴 적 추억들에 대해 한참 동안 이야기를 나누었다. 그러는 사이 민서는 열심히 밥을 먹었다. 나물 반

찬에는 손이 가지 않았지만, 불고기와 생선구이가 끝내주게 맛있고, 된장국은 정말이지 지금까지 먹어 본 것 중에 최고였다.

"아빠, 우리 내일도 또 가면 안 돼요? 너무 맛있어요."
식사를 마치고 집으로 가는 길, 민서가 아빠에게 말했다.
"아무리 맛있어도 어떻게 매일 가냐? 조만간 예약하고 또 가자."
"어쩜 음식들이 그렇게 하나같이 다 맛있지? 정말 최고였어."
엄마도 엄지손가락을 치켜들며 말했다.
"저 친구가 공부를 진짜 많이 했어. 요리하는 사람들 사이에서는 꽤 유명하지."
아빠의 말에 민서와 엄마는 눈을 동그랗게 뜨고 서로를 바라보았다.
"어쩐지……. 예사로운 맛이 아니었어. 오죽하면 민서가 된장국을 그렇게 잘 먹었겠어?"
엄마가 민서를 보며 말했다. 민서는 고개를 크게 끄덕였다.
맛있는 음식도 많이 먹고 기분 좋게 집에 돌아온 민서는 침대에 반쯤 누운 채 스마트폰을 켰다. 그런데 가방 밑에 깔려 있는 노트가 눈에 들어왔다.
'아, 좋은 습관……!'
민서는 몸을 일으켜 책상 앞에 앉았다. 그리고 아침에 승우와 이야기하며 떠올렸던 좋은 습관을 하나씩 적어 보았다.

'부모님께 존댓말을 쓴다.'

'아침에 일어났을 때, 밥 먹기 전에 부모님께 인사를 한다.'

이렇게 쓰고 나니 승우가 말한 대로 예의 바른 사람이 된 것 같았다.

'아침에 엄마가 깨울 때 잘 일어나고 학교에 일찍 간다.'

'젓가락질을 잘한다.'

'밥을 먹고 그릇을 설거지통에 넣어 둔다.'

쓰다 보니 잘하는 게 꽤 많아 보여 기분이 좋아졌다. 그래서 계속해서 더 쓸 것이 없는지 곰곰 생각하게 되었다.

"민서야, 너 숙제 있니? 웬일로 책상에 그렇게 오래 앉아 있어?"

민서 방을 슬쩍 들여다본 엄마가 희한하다는 듯이 물었다.

"아, 숙제는 아니고요, 써야 할 게 좀 있어요."

싱글벙글한 얼굴로 대답하는 민서를 보며 엄마도 웃으며 방 문을 닫았다. 민서는 그 뒤로도 한참 동안 좋은 습관이 무엇인지 생각하느라 책상에서 일어나지 않았다. 계속 쓰다 보니 평소에 잘 몰랐던 자신의 좋은 모습을 새롭게 찾아낸 것 같아 기분이 무척 좋아졌다.

나는 이런 사람이에요

- 좋은 습관을 만들기 위해서는 특별한 목표가 필요한 것이 아닙니다. '나는 어떠어떠한 사람이다'라는 생각, 그런 사람이 되고 싶다는 마음이 더 중요합니다. 이것을 정체성이라고 하는데요. 여러분도 스스로 어떤 사람이 되고 싶은지 생각해 봅시다.

  − 나는 청결한 사람이다.
  − 나는 끈기 있는 사람이다.
  − 나는 친구의 마음을 잘 읽어 주는 학생이다.

📌 **여러분은 어떤 사람이 되고 싶나요? 많이 적어 볼수록 좋습니다.**

_____

_____

_____

_____

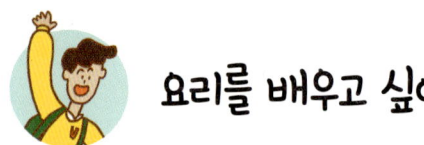 ## 요리를 배우고 싶어!

며칠 후, 민서는 엄마 아빠와 함께 다시 아저씨네 식당으로 향했다. 아빠가 예약했다는 말을 들었을 때부터 민서의 마음은 기대감으로 잔뜩 부풀었다. 문을 열고 식당에 들어서니 익숙한 향이 밀려들어 왔다.

"엇? 피자예요?"

민서는 인사도 잊고 큰 소리로 외쳤다.

"하하, 맞아. 들어오자마자 메뉴를 딱 맞히는 걸 보니까, 정말 음식에 관심이 많은 모양이네."

"지난번에 먹은 음식들이 너무 맛있어서 애가 어제부터 엄청나게 기대를 하고 있었거든요."

엄마가 자리에 앉으며 아저씨에게 말했다.

"아이고, 큰일이네. 기대만큼 맛있어야 할 텐데……."

아저씨는 주방에서 차근차근 음식을 내왔다. 화덕에 구운 피자와 세 가지 종류의 파스타, 그리고 샐러드였다.

"어때? 메뉴는 마음에 들어?"

"네! 정말 좋아요."

민서는 싱글벙글 웃으며 포크로 파스타를 돌돌 말아 입에 넣었다. 이번에도 역시 깜짝 놀랄 만큼 맛이 있었다.

"우와! 진짜 맛있어요. 이거 어떻게 만드는 거예요?"

민서는 눈을 동그랗게 뜨고 아저씨에게 물었다. 두 번째 만나 벌써 익숙해진 건지, 아니면 아빠의 친한 친구라서 편하게 느껴져서 그런 건지, 그것도 아니면 음식이 너무 맛있어서 그런 건지, 민서는 이제 아저씨에게 스스럼이 없었다. 아저씨는 대답 대신 묘한 표정으로 민서를 한참이나 바라보더니 말했다.

"흠, 내가 지금껏 이 일을 하는 동안 음식을 먹고 나서 어떻게 만드는지 물어보는 초등학생은 네가 처음이다."

민서는 너무 호들갑을 떤 것 같아 얼굴이 빨갛게 달아올랐다.

"어떻게 만드는지 정말 궁금해?"

아저씨가 웃음 띤 얼굴로 물었다.

"네. 궁금해요."

민서는 조금 수줍어하며 대답했다.

"그럼 여기 와서 음식 하는 거 한번 볼래?"

아저씨의 말에 민서는 깜짝 놀랐다.

"정말요?"

"그럼, 정말이지. 내가 보통 오후 두세 시쯤 여기 오거든. 그때부터 저녁 손님이 오는 여섯 시나 일곱 시까지 음식을 하니까, 그 사이 아무 때나 와도 돼. 아, 목요일은 쉬는 날이고, 주말에는 점심, 저녁 모두 손님이 많아 바쁘니까 그날만 피해서 오면 되고. 알았지?"

"우와!"

민서는 너무 놀라 더 이상 말을 이어 갈 수 없었다.

"괜히 와서 폐나 안 끼치려나 모르겠어요."

엄마가 걱정스러운 표정으로 아저씨에게 말했다.

"하하하, 걱정 마세요. 말 안 들으면 바로 집으로 보낼 건데요, 뭘."

아저씨는 민서에게 눈을 찡긋하며 웃었다. 민서도 싱글벙글 웃음만 나왔다.

민서는 수요일에 있던 학원 수업을 목요일로 옮기고, 화요일과 수요일에 아저씨네 식당으로 가기로 했다. 기다리고 기다리던 화요일이 왔고, 민서는 수업이 끝나자마자 득달같이 아저씨네 식당으로 달려갔다.

"안녕하세요?"

문을 열자마자 민서는 큰 소리로 인사를 했다. 아저씨는 주방장이 입는 옷을 입고 앞치마, 모자, 침이 튀지 않도록 하는 위생 마스크까지 쓴 채 주방에 서 있었다.

"어서 와. 아빠한테 얘기 들었어. 화요일이랑 수요일에만 올 수 있다며?"

"네."

아저씨가 민서에게 주방으로 오라며 손짓을 했다. 민서는 쭈뼛쭈뼛 주방으로 들어갔다.

"잠깐!"

아저씨가 갑자기 큰 소리로 외쳤다. 민서는 화들짝 놀라 걸음을 멈췄다.

"손부터 씻고 와야지!"

민서는 주방 입구에 놓인 세면대에서 깨끗이 손을 씻었다.

"세면대 옆에 걸어 놓은 것 있지? 그거 다 입고, 쓰고, 이리로 와."

세면대 옆 옷걸이에는 앞치마와 모자, 위생 마스크가 걸려 있었다. 민서는 하나씩 주섬주섬 입고, 또 썼다. 모두 착용하고 나니 마치 로봇이라도 된 것처럼 몸이 뻣뻣해진 느낌이었다.

"처음이라 좀 어색하지? 그렇지만 음식 만드는 곳에서 가장 중요한 건 청결이거든."

민서는 고개를 끄덕이며 아저씨 옆으로 다가갔다. 아저씨는 버섯과 무, 그리고 여러 가지 채소들을 씻고 있었다. 조리대 한편에는 빨간 양념에 버무려 놓은 주꾸미도 있고, 납작한 모양의 고기도 있었다.

"오늘은 어떤 음식들을 만드세요?"

민서의 질문에 아저씨는 싱긋 웃으며 설명했다.

"버섯무밥이랑 쑥국, 봄동 겉절이, 주꾸미 볶음, 그리고 봄나물 몇 가지랑 너비아니 구이를 할 거야."

"버섯무밥이요?"

"응. 버섯이랑 무를 넣고 밥을 하는 거야. 양념간장에 비벼 먹으면 정말 맛있거든."

"네에. 그런데 너비아니는 냉동식품 아니에요?"

"하하하, 너비아니는 고기에 칼집을 낸 다음에 양념에 재워 두었다가 굽는 궁중 요리야. 원래부터 냉동식품은 아니지."

"아, 그렇구나. 우리 아빠는 냉동식품만 해 주셨거든요."

"집에서 궁중 요리를 직접 해 먹는 사람이 많지는 않지."

말을 마친 아저씨는 채소를 담아 둔 바구니에서 무 한 통을 꺼내더니 빠른 속도로 채를 썰기 시작했다. 어찌나 빠르고 정확하던지, 보고만 있어도 입이 떡 벌어졌다. 무를 다 썰자 양파를 꺼내 잘게 다지는데, 이번에도 역시 감탄이 절로 나오는 속도였다.

"하아, 어떻게 하면 그렇게 칼질을 빨리 할 수 있어요?"

"연습밖에는 방법이 없어."

"저도 연습하면 그렇게 할 수 있을까요?"

"그럼! 하지만 칼을 쓰기엔 아직 좀 위험하지 않나? 아빠가 허락하지 않을 것 같은데?"

"맞아요. 칼질은 아직 제대로 해 보지 못했어요."

"아빠한테 허락 받고 천천히 쓰는 것부터 연습해 봐."

"네에."

민서는 주방 한구석에 앉아 아저씨가 요리하는 모습을 지켜보았다. 아저씨는 씻어 둔 버섯을 칼로 썰지 않고 손으로 잘게 찢었다. 대충 찢는 것처럼 보였는데, 그릇에 담긴 버섯을 보니 놀라울 정도로 크기가 일정했다. 아저씨는 또 봄나물들을 끓는 물에 데쳐서 양념을 넣고 무치기 시작했다. 덩치 큰 아저씨가 리듬을 타듯 가볍게 나물 무치는 것을 보니 저도 모르게 웃음이 나왔다.

그렇게 나물무침이 끝난 후, 아저씨는 양념에 버무려 놓았던 주꾸미를 볶기 시작했다. 동영상에 나오는 요리사들처럼 프라이팬을 휙휙 돌리며 볶는데, 도중에 프라이팬 위로 불길이 화르륵 솟아올랐다. 자연스레 '와!' 하는 탄성이 터져 나왔다. 마지막으로 아저씨는 숯불이 담긴 화로에 부채질을 하며 정성스럽게 너비아니를 구웠다. 민서에게는 모든 게 신기하고 재미있기만 했다.

그러는 사이 어느새 바깥이 어둑해졌다.

"자, 오늘은 여기까지! 이제 손님들 오실 시간이거든."

아저씨가 민서에게 모자를 벗으라는 손짓을 했다. 민서는 앞치마와 모자, 그리고 위생 마스크를 벗고 주방 밖으로 나왔다.

"어땠어? 특별히 재미있는 건 아니지?"

"아니에요. 진짜 재미있었어요. 몰랐던 것들도 많이 알고요."

민서는 양손의 엄지손가락을 치켜들었다.

"재미있었다니 다행이네. 그럼 내일 또 오는 건가?"

"네. 내일 올게요."

민서는 꾸벅 인사를 하고 식당을 나왔다.

다음 날 아침, 민서는 승우와 함께 학교로 향했다.

"오늘도 학교 끝나고 요리하러 간다며?"

승우가 조금은 시무룩한 얼굴로 민서에게 물었다.

"아, 요리를 하는 건 아니고, 그냥 보기만 하는 거야."

"그래? 재미있어?"

"그게 있지, 텔레비전에 요리사들 나와서 요리하잖아? 프라이팬을 막 휙휙 돌리고, 칼질도 탁탁탁 하고, 프라이팬에 불이 확 붙어 가지고……. 하여튼 그런 걸 눈앞에서 직접 본다니까!"

잔뜩 들떠 말하는 민서와 달리 승우의 표정은 여전히 밝지 않았다.

"그런데 넌 얼굴이 왜 그래?"

"몰라. 너 때문에 망했어."

"으잉? 뭐가? 뭐가 망했는데?"

"너 때문에 학원 시간 바꿔 가지고 수요일에는 이제 아무것도 안 한단 말이야."

민서가 학원 수업 시간을 바꾸면서 승우도 함께 바꾸기로 했다는 이야기는 이미 들어서 알고 있었다.

"응, 그런데?"

"엄마가 수요일 비는 시간에 뭐라도 하라고 하셔서 난 지금 그걸 고민해야 한다고."

승우는 한숨을 한 번 내쉬더니 말을 이었다.

"이게 다 정민서 때문이야."

민서는 발끈하며 목소리를 높였다.

"야! 이게 왜 나 때문이야? 내가 너한테 학원 시간 바꾸라고 했냐?"

승우는 어이가 없다는 듯 민서를 쳐다보았다.

"뭐냐? 난 우리 집 정민서 말한 거야."

민서는 눈을 꼭 감으며 한숨을 내쉬었다.

"그냥 누나라고 하면 안 돼? 헷갈리잖아!"

"에이, 한두 번도 아닌데 왜 이래? 이젠 좀 척척 알아들어라!"

"쳇. 근데 누나가 왜?"

"정민서가 하루 종일 엄청 바쁘거든. 학교랑 학원 갔다 오면 밥 먹고 자는 시간 말고는 영어로 된 소설책 읽고, 미국 드라마 보고, 요즘은 뭐 외국인들이 만든 동영상 같은 것도 본다니까. 아주 잠시도 쉬질 않아. 오죽하면 엄마도 가끔 쉬었다 하라고 하시는데도 안 쉬어, 절대. 자기는 뭐라도 하고 있는 게 쉬는 것보다 더 편하고 재미있다나 뭐라나. 야, 이게 말이 되냐? 그런데, 그게 나한테도 영향이 있는 거야. 나도 그렇게 하라는 거지."

"아, 그런 얘기였어?"

"그러니까 난 망한 거야. 수요일엔 뭘 하지?"

"그런데 누나는 진짜 대단하다. 영어 공부, 힘들 텐데."

"그게 이상한 거야. 이게 다 그 박현아 선생님 때문이라니까. 우리 엄마도 그러셨어. 그 선생님 덕분에 누나가 완전히 달라졌다고. 분명히 뭔가 있어."

"솔직히 말하면, 난 진짜 잘 모르겠어. 선생님이 뭘 엄청 시키는 것도 아니고, 공부 얘기를 막 강조하시는 것도 아니고······."

"네가 우리 집 정민서를 못 봐서 그런다고······."

승우는 답답하다는 듯 한숨을 쉬어 댔다.

한참 수다를 떨다 보니 어느새 학교였다. 그런데 교실로 들어가려던 민서와 승우는 깜짝 놀라 걸음을 멈추었다. 승우는 다른 반으로 왔나 싶어 교실 팻말까지 다시 확인했다.

교실은 어제와 완전히 달라져 있었다. 교실 뒷문을 열자마자 바로 보이는 곳에 처음 보는 커다란 책장이 들어와 있고, 빈틈없이 책이 꽂혀 있었다. 책상 배치도 달라졌다. 두 개씩 붙어 있는 게 아니라 대여섯 개씩 줄줄이 둥그런 모양으로 놓여 있었다. 민서와 승우는 어리둥절한 표정으로 중간쯤 되는 자리에 나란히 앉았다.

잠시 후, 수업 시작을 알리는 종이 울리고 선생님이 들어왔다.

"선생님! 책상이 왜 이래요?"

"짝은 어떻게 정해요?"

아이들이 질문을 쏟아냈다.

"하하하, 교실 분위기를 좀 새롭게 바꿔봤는데 어때요?"

"왜 이렇게 바꾼 거예요?"

승우가 목소리를 높여 물었다.

"음, 이렇게 둥그렇게 앉으면 모두의 눈길이 한곳에 집중되기 쉽고, 앞에서 말하는 사람의 목소리가 더 잘 전달된다는 연구 결과가 있어요. 이렇게 책상을 여러 개 놓으면 좀 더 자유롭게 좋아하는 자리에 앉을 수 있을 것 같기도 하고……."

"그럼 짝은 어떻게 정해요?"

여자아이 한 명이 물었다.

"짝? 짝은 따로 정하지 않을 거예요. 아침에 와서 자기가 좋아하는 자리에 앉으면 옆에 앉은 친구가 짝이 되는 거지. 이렇게 앉아 보고, 안 좋은 점이 많으면 다시 바꿀 거예요. 그러니까 혹시라도 불편한 게 있으면 언제든 얘기해 주세요."

"네에!"

아이들은 목소리를 높여 대답했다.

처음엔 낯설어하던 아이들도 바뀐 교실에 쉽게 적응했다. 고개만 돌려도 끝자리 아이까지 다 보이니 서로 이야기하기 좋았고, 수업 시간에도 집중이 더 잘 되는 것 같았다.

점심 식사를 마친 후, 승우와 민서는 운동장으로 갔다. 오늘은 옆 반 아이들과 축구를 하기로 약속한 날이었다.

민서가 운동장 옆 벤치에 앉아 아이들을 기다리는 동안, 승우는 축구공을 무릎으로 올려 차며 몸을 풀었다. 잠시 후, 민서네 반 아이들과 옆

반 아이들이 운동장으로 몰려들었다. 민서는 그제야 슬금슬금 운동장으로 나갔다.

골키퍼를 정하고, 민서는 들어도 알듯 말듯한 작전 회의가 끝나고 나서야 축구 시합이 시작되었다. 아이들은 공을 따라 이리저리 뛰기 시작했고, 선두에는 늘 승우가 있었다. 승우는 빠른 달리기로 아이들 사이를 누비며 몇 번이고 슛을 날렸고, 옆 반 아이들은 그런 승우를 수비하느라 정신이 없었다.

그렇게 얼마나 뛰었을까? 민서는 헉헉대며 운동장을 빠져나왔다. 다른 애들과 같은 시간을 뛰기엔 민서의 체력이 따라가질 않았다. 응원석에 앉아 운동장을 바라보고 있으니 다시 한 번 승우가 대단해 보였다. 저렇게 뛰어도 되나 싶을 정도로 쉼 없이 뛰며 공을 몰던 어느 순간이었다.

"아아! 정승우!"

응원석에 앉아 있던 아이들이 모두 깜짝 놀라 한 목소리로 외쳤다. 옆 반 수비수에게 빼앗긴 공을 다시 차지하기 위해 다리를 쭉 뻗던 승우가 그대로 운동장에 나뒹굴었기 때문이었다. 한참을 꼼짝 못하고 끙끙대던 승우는 허벅지를 주무르며 벤치 쪽으로 걸어 나왔다. 민서는 걱정스러운 얼굴로 승우의 옆으로 갔다.

"야, 괜찮아?"

그런데 승우는 대답 대신 엉뚱한 말을 했다.

"나, 드디어 수요일에 내가 할 일이 뭔지 찾아냈어."

"아니 갑자기 그게 무슨?"

"나 요가할 거야."

"요오가아?"

민서가 한껏 인상을 찡그리며 되물었다.

"응. 요가를 해야겠어. 난 아무래도 유연성이 너무 부족한 거 같아. 다리를 못 벌려서 공을 놓치다니, 이건 치욕이야."

"아무리 그렇다고 요가를······."

"두고 봐. 내가 아주 다리를 일자로 쫙 벌려서 공을 휙 빼앗는 모습을 보여 주고 말 테니까."

민서는 비장하기까지 한 승우의 말에 고개를 절레절레 흔들었다.

학교 수업을 마치고 집에 온 민서는 가방을 던지다시피 내려놓고 곧장 식당으로 향했다.

"아저씨! 저 왔어요!"

민서가 큰 소리로 인사하며 성큼성큼 주방으로 걸어 들어갔다. 아저씨가 반갑게 맞아 주실 줄 알았는데 주방은 텅 비어 있었다. 민서는 어제 앉았던 의자에 앉아 스마트폰을 들여다보기 시작했다.

"어? 민서 왔구나."

잠시 후, 아저씨가 채소가 잔뜩 든 상자를 들고 나타났다. 상자를 주방 입구에 내려놓은 아저씨는 세면대에서 손을 씻고 요리사복을 입으며 민서를 바라보았다. 아저씨 얼굴이 딱딱하게 굳어 있었다. 민서는 스마트폰을 내려놓고 의자에서 일어섰다.

"민서야, 여기 오면 맨 먼저 뭘 해야 한다고 했지?"

민서는 뭐라고 대답을 할지 몰라 머뭇거렸다.

"민서야, 주방과 주방 밖의 공간은 완전히 다른 곳이야. 난 주방이 그 어떤 곳보다 깨끗한 곳이어야 한다고 생각해. 그래서 옷과 앞치마는 매일 세탁하고 모자와 위생 마스크는 일회용으로 매일 바꿔서 쓰고 있어."

민서는 그제야 뭐가 잘못되었는지 깨달았다.

"죄송해요, 아저씨."

민서는 얼른 세면대로 가서 손을 씻고 앞치마와 모자, 위생 마스크를 썼다.

"죄송할 건 아니고, 그냥 주방에 들어오는 순간부터 그 차림으로 변신한다고 생각해 주면 좋겠어."

아저씨는 슬며시 웃으며 말했다. 생각해 보니 지난번 가족들이랑 밥을 먹으러 왔을 때도 아저씨는 주방에서 나올 때면 옷과 모자, 마스크, 앞치마를 벗고 나왔고, 들어갈 땐 또다시 모든 걸 착용했다. 우리끼리

만 있을 때도 어김이 없었다.

"다음에는 꼭 잘 지킬게요."

"그래. 습관이 되면 굳이 지켜야겠다고 생각하지 않아도 몸이 먼저 알아서 움직이게 될 거야. 나도 처음엔 실수 많이 했어."

그때 '습관'이라는 말이 민서의 머릿속에 훅 들어왔다.

'음식을 만드는 데도 습관이 필요하구나.'

민서는 혼자 고개를 끄덕였다. 그러는 사이 벌써 아저씨는 채소들을 다듬기 시작했다. 얼핏 보기에도 꽤 많은 양이었다. 주방 한쪽에는 울

퉁불퉁하게 생긴 콩 같은 것도 바구니에 잔뜩 담겨 있었다.

"오늘은 메뉴가 뭐예요?"

민서가 주방을 둘러보며 물었다.

"오늘은 채식주의자인 손님들이 오기로 해서, 병아리콩으로 만든 버거랑 샐러드, 가지 스테이크를 만들 거야."

민서는 바구니에 담긴 콩을 가리키며 물었다.

"저게 병아리콩이에요?"

아저씨가 고개를 끄덕였다.

"저걸로 어떻게 버거를 만들어요?"

"갈아서 패티를 만드는 거지. 고기 대신이야."

"아아, 그럼 빵은요? 채식주의자도 빵은 먹어요?"

"흠, 예리한데? 빵에는 보통 버터랑 우유, 달걀이 들어가기 때문에 채식주의자들이 멀리하는 경향이 있지. 그래서 그런 재료들이 들어가지 않는 통밀빵을 미리 만들어 놨어."

민서는 고개를 끄덕이며 아저씨가 하는 행동들을 유심히 살펴보았다. 아저씨는 다듬은 채소들을 상하지 않게 조심조심 씻어 바구니에 담아 놓은 후, 돌로 만든 절구를 꺼내 병아리콩을 빻기 시작했다.

"아우, 그걸 다 일일이 빻아야 하는 거예요? 그냥 믹서기 같은 걸로 갈아 버리면 안 돼요?"

민서의 질문에 아저씨는 계속 콩을 빻으며 말했다.

"믹서기로 갈면 편하기는 한데, 입자가 너무 고와져서 씹는 느낌이 덜하거든. 이렇게 하면 콩의 작은 조각들이 남아 있기 때문에 아무래도 식감이 더 좋아지지."

아직 더운 날씨도 아닌데, 아저씨 이마에 땀방울이 송송 맺혔다. 콩이 적은 양도 아니어서 정말 힘들어 보였다.

오늘도 민서는 아저씨가 음식을 완성하는 모습을 본 후 집으로 향했다. 그런데 어제와는 느낌이 좀 달랐다. 어젠 그저 신나고 재미있기만 했는데, 오늘은 음식을 만든다는 것이 어떤 것인지 자꾸만 생각해 보게 되었다. 아저씨를 보니 음식 만드는 일은 몸가짐에도 신경을 많이 써야 하고, 재료나 맛, 식감까지 모든 걸 세심하게 고민해야 한다는 생각이 들었다. 그런 생각이 자꾸 떠올라서였을까? 집으로 가는 발걸음이 점점 더 느려졌다.

며칠 후 종례 시간, 선생님이 교탁에 서서 아이들에게 물었다.

"여러분, 지난번에 좋은 습관을 한번 써 보자고 했는데, 해 봤어요?"

'네'라고 하는 아이들도 있고, '아니오'라고 하는 아이들도 있었다.

"좋아, 그럼 써 본 친구들은 어떤 느낌이 들었어요?"

"기분이 좋았어요!"

승우가 가장 먼저 손을 들고 큰 소리로 대답했다. 그러자 몇몇 아이들이 "저도요!", "저도요!"라고 외쳤다.

선생님은 뒤를 돌더니 칠판에 '만들고 싶은 습관'이라고 썼다.

"자, 우리 지금까지 나쁜 습관도 써 보고, 좋은 습관도 써 봤잖아요. 그러니까 이번에는 만들고 싶은 습관을 한번 써 보는 건 어떨까요?"

"만들고 싶은 습관?"

아이들은 고개를 갸웃거리며 서로 쳐다보았다.

"하하, 어려운 모양이구나. 그럼 이렇게 생각해 볼까? 여러분은 나쁜 습관을 쓰면서 자기의 나쁜 모습을 떠올렸고, 또 좋은 습관을 쓰면서는 자기의 좋은 모습을 떠올렸죠. 이번에는 '되고 싶은 나의 모습'을 떠올려 보는 거야. 내가 되고 싶은 사람이 되기 위해 지금의 습관 말고 어떤 새로운 습관이 필요할지, 잘 생각해 보면 각자 답을 얻을 수 있겠지?"

"그런데요 선생님, 언제 되고 싶은 사람을 말하는 거예요? 나중에 어른이 돼서 되고 싶은 사람이에요? 아니면 중학생이나 고등학생이 되었을 때를 말하는 거예요?"

하영이가 손을 번쩍 들며 물었다.

"여러분 마음대로 선택하면 돼요. 당장 몇 달 후도 좋고, 어른이 되었을 때도 좋아요."

고개를 끄덕이는 아이들도 있고, 갸웃거리는 아이들도 있었다.

"하하, 지금은 좀 어렵게 생각될지 모르지만, 막상 써 보면 별것 아니라는 생각이 들 거야. 그러니까 꼭 한번 써 보세요. 오늘은 여기까지! 내일 즐겁게 만나자!"

선생님이 교실을 나가고, 민서와 승우는 가방을 챙겨 자리에서 일어섰다.

"너, 만들고 싶은 습관, 그거 쓸 거야?"

교문을 나서며 승우가 물었다.

"모르겠어. 지금은 뭘 써야 할지도 모르겠고……."

"진짜 이상해. 뭘 자꾸 쓰라고 하시는 건지. 분명히 뭐가 있는데……. 하아 무섭고 찜찜해."

승우는 심각한 표정으로 중얼거렸다.

"또 시작이다."

민서는 그런 승우를 보며 고개를 저었다.

'내가 되고 싶은 나'는 어떤 모습일까?

- 우리도 '만들고 싶은 습관'을 정해 볼까요? 다음의 순서대로 한번 해 보세요.
    - 먼저, 앞서 '습관 만들기 2'를 통해 적어 본 것 중에서 한 가지를 선택합니다.
    - 내가 되고 싶은 사람은 과연 어떤 습관을 가지고 있을지 생각해 봅니다.
    - 적은 것 중에서 제일 먼저 만들고 싶은 습관을 한 가지 정합니다.

📌 아래 예시처럼 나와 딱 맞는 습관을 찾아 실행해 봅시다.

나는 정리를 잘하는 사람이다.	1. 매일 아침에 일어나면 이불을 갠다. 2. 외출 후 옷을 벗어서 가지런히 걸어 놓는다. 3. 귀가하면 신발 정리를 한다.
제일 먼저 만들고 싶은 습관	매일 아침에 일어나면 이불을 갠다.
이유	방이 깨끗해지고 뽀송뽀송한 기분이 든다.

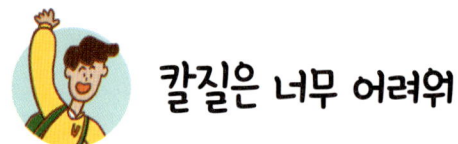 **칼질은 너무 어려워**

집에 도착해 저녁을 먹고 식탁에서 막 일어서려는 찰나, 민서 방에서 전화벨이 울렸다. 민서는 재빨리 방으로 들어가 스마트폰을 들었다. 승우였다.

"이 시간에 어쩐 일이야?"

"나 드디어 알아냈어. 오늘 집에 오니까 정민서가 웬일로 거실에 나와 있는 거야. 평소에는 방에만 틀어박혀 있거든. 하여튼, 그래서 내가 선생님에 대해서 물어봤는데, 딱 그 얘기를 하는 거야."

"무슨 얘기?"

"습관!"

"습관? 그게 무슨 소리야?"

"선생님이 1년 내내 습관에 관한 이야기를 할 거래. 그런데 선생님이 말씀하신 대로만 하면 뭔가가 달라질 거래."

"뭐가 달라져?"

"뭐겠어? 정민서처럼 된다는 거겠지. 네가 정민서를 자세히 몰라서 그러는데 진짜 게으르고, 지저분하고, 공부도 못하고, 하여튼 잘하는 게 아무것도 없었단 말이야. 그런데 진짜 박현아 선생님 반이 된 이후로 인간이 달라졌어. 분명히 선생님이 그 습관 이야기를 계속 하면서 조종한 거라니까!"

"야, 무슨 말인지 하나도 모르겠어. 조종은 또 뭐야?"

"이제 큰일 났어. 좀 있으면 분명 공부 습관 얘기도 나올 테고, 숙제도 많아질 거고, 그러다 보면 나처럼 공부 못하는 애들은 무시당할 게 뻔하고……. 결국 모두가 공부 지옥으로 빠져들고 말 거야. 알겠어? 우린 이제 완전히 망했다고!"

승우는 금방 무슨 일이라도 날 것처럼 흥분했다.

"하아, 설마……."

"하긴, 공부 잘하는 네가 무슨 걱정이 있겠냐?"

"야, 무슨 말을 그렇게……."

"아, 몰라, 끊어!"

승우는 버럭 소리를 치며 전화를 끊었다. 그렇지만 아직도 민서는 승우의 말들이 잘 이해되지 않았다. 지금까지 민서가 본 선생님은 승우가

걱정하는 대로 반을 공부 지옥으로 만들 것 같지 않아서였다.

그러나 다음 날에도 승우의 기분은 나아지지 않았다. 평소 같으면 하룻밤만 자고 일어나도 어제 무슨 일이 있었냐는 듯이 쾌활해질 텐데, 우울한 기분이 오래 가는 걸 보니 정말 걱정이 많은 것 같았다.

수업이 끝나고 종례 시간이 되자, 선생님이 습관 숙제를 물으셨다.

"어제 새롭게 만들고 싶은 습관을 한번 써 보면 좋겠다고 했는데, 다들 해 봤어요?"

교실 곳곳에서 '네'와 '아니오'가 섞여서 터져 나왔다.

"좋아요. 만들고 싶은 습관을 써 본 친구들은 이제 그걸 정말 습관으로 만들어 보는 게 어떨까? 만들고 싶다는 마음만 가지고는 소용없잖아. 어때?"

아이들은 아무 대답이 없었다. 잠깐 동안 아이들과 선생님 사이에 어색한 침묵이 흘렀다.

"대답하지 않는 이유가 있나?"

선생님이 조심스럽게 물었다. 그러자 하영이가 손을 들며 말했다.

"저는 키가 크고 싶어서 줄넘기하는 습관을 만들고 싶다고 썼는데요, 피아노 학원이랑 영어 학원 끝나면 너무 늦어서 운동할 시간이 없어요. 이럴 땐 어떻게 해요?"

하영이의 말이 끝나자 아이들은 너도나도 손을 들며 외쳤다.

"맞아요! 학원이 너무 늦게 끝나요."

"스마트폰 하다 보면 시간이 너무 빨리 가요."

"엄마가 빨리 자라고 그러세요."

정말 이유도 다양했다.

"흠, 습관이라는 건 오랜 시간 동안 되풀이해야 만들어지는 거예요. 하루아침에 만들어지는 게 아니라는 거지. 그럼, 오랫동안 어떤 일을 되풀이하려면 어떻게 해야 할까?"

아이들은 멀뚱히 선생님만 바라보았다.

"욕심을 내지 않는 게 가장 중요해요. 아주 조금씩, 아주 짧은 시간부터 시작하는 거지."

"얼마나요?"

한 아이가 큰 소리로 물었다.

"음, 습관을 만드는 규칙 중에 '2분 규칙'이라는 게 있어요. 새로운 습관을 시작할 땐 그 일을 2분 이하로 하라는 거야."

"2분이요?"

여기저기서 깜짝 놀라는 반응이 나왔고, 선생님은 싱긋 웃으며 설명을 이어 갔다.

"응, 2분! 그 정도로 쉽게 시작을 하라는 거예요. 줄넘기를 하겠다고 마음먹었으면 가방에 줄넘기 줄을 넣고 다니다가 놀이터를 지나갈 때 잠깐 멈춰서 딱 열 번만 하는 거야. 어때? 이 정도면 학원이 늦게 끝나거나 시간이 없어도 시작할 수 있지 않을까?"

"정말 그렇게 해도 돼요?"

현준이가 잔뜩 의심스러운 표정으로 물었다. 선생님은 고개를 크게 끄덕이며 말했다.

"그럼! 실제로 어떤 사람은 살을 빼기 위해서 운동하는 습관을 만들려고 했어. 그래서 체육관에 가기로 마음먹었는데, 처음에는 딱 5분만 운동을 하고 집에 온 거야. 그렇게 자꾸 하다 보니 운동이 크게 어려운

일이 아니라는 생각을 하게 됐지. 몇 주가 지난 후에는 체육관을 둘러보며 이런 생각을 했대. '음, 어쨌든 난 항상 여기에 오고 있어. 이제 좀 더 오래 있어야 할 때가 된 것 같아.' 그래서 조금 더 시간을 늘리고, 그러다 어느 순간에는 또 시간을 더 늘리고……. 그러다 보니까 몇 년 후에는 45킬로그램이 빠져 있었다는 거야."

"우와!"

아이들은 약속이라도 한 듯 한꺼번에 외쳤다.

"아무리 좋은 습관이라도 어렵게 시작하면 금방 지치고 하기가 싫어져. 그러니까 할 수 있는 한, 가장 짧은 시간 동안 가장 쉽게 시작하는 거예요. 알았죠?"

"네!"

아이들이 한 목소리로 대답했다. 그때, 하루 종일 시든 상추처럼 비실비실하던 승우가 손을 번쩍 들었다. 어찌나 힘차게 들던지 옆에 있던 민서가 깜짝 놀랄 정도였다.

"아, 승우, 무슨 할 얘기가 있는 거야?"

선생님의 질문에 승우는 심호흡을 한 번 하고는 말문을 열었다.

"선생님, 저희 누나가 5학년 때 선생님 반이었는데요, 그때부터 공부를 엄청 많이 했거든요."

선생님은 웃으며 고개를 끄덕였다.

"지금은 뭐든 쉽게 하라고 하셔 놓고, 나중에는 숙제도 많이 내주고, 쪽지 시험 같은 것도 자주 보고, 그러시는 것 아니에요?"

아이들이 한꺼번에 승우를 쳐다보았다. 곧이어 모든 아이들의 시선이 선생님에게로 쏠렸다. 선생님은 큰 소리로 웃고 나서 말했다.

"일단 한 가지는 확실히 약속할게. 우리 반은 앞으로 숙제가 없어. 그리고 단원 평가 외에 그 어떤 시험도 없습니다. 또 단원 평가를 보더라도 그 점수는 본인에게만 알려줄 거예요. 다른 친구들은 알 수 없도록!"

"와아!"

선생님의 단호한 말씀에 아이들이 환호성을 질렀다.

"그리고 내가 하는 말을 모두 따를 필요도 없어요. 처음에 말했듯이 나는 그저 습관이 중요하다고 생각해서 계속 이야기를 해 줄 뿐이야. 그걸 할지 말지, 선택은 여러분 스스로가 하는 거니까. 알겠지?"

"네에!"

"오늘은 종례가 너무 길어졌네. 빨리 정리하고 집에 가야지. 자, 내일 만나요."

아이들은 부지런히 가방을 챙겨 교실을 빠져나갔다.

"아무래도 네가 뭘 잘못 생각한 것 같아. 선생님께서 저렇게 분명하게 약속하시잖아."

집으로 가는 길, 민서가 승우에게 웃으며 말했다.

"아, 아닌데. 그럴 리가 없는데……. 아니, 대체 정민서는 왜 그런 거지? 아무래도 이상해."

승우는 계속 이상하다고 중얼거리며 고개를 갸우뚱거렸다.

하루 일과를 마치고 집으로 오니 아빠가 주방에서 저녁 준비를 하고 있었다.

"아빠, 오늘 저녁은 뭐예요?"

"월남쌈!"

"라이스페이퍼에 이것저것 말아서 먹는 그거요?"

"그렇지. 그게 채소도 많이 들어가고 담백해서 다이어트에 좋다고 하더라고."

아빠가 둥그렇게 나온 배를 쓰다듬으며 말했다.

"그럼 저는 뭘 하면 돼요?"

"월남쌈 재료는 대부분 채를 썰어야 하는데……."

"제가 썰어 볼게요."

"네가?"

아빠는 잠시 생각하는 눈치더니 이내 고개를 끄덕였다.

"좋아! 한번 해 봐."

민서는 얼른 칼과 도마를 챙겨 아빠 옆으로 가서 섰다.

"민서야, 요리를 하려면 손부터 씻어야지."

"아, 맞다! 알았어요."

민서는 얼른 개수대로 가서 깨끗하게 손을 씻었다. 민서가 손 씻은 걸 확인한 아빠는 민서에게 양배추 잎을 몇 장 건네주었다.

"자, 이걸 가늘게 썰면 돼. 어떤 모양인지는 알지?"

"그럼요."

"칼이 위험하다는 건 말하지 않아도 알고 있을 테고……. 칼질할 땐 손을 이렇게 둥근 모양으로 만들어야 다치지 않아. 알았지?"

아빠는 직접 칼을 들고 시범을 보여 주었다. 민서는 심호흡을 하며 칼을 손에 쥐었다. 그리고 천천히 양배추를 썰어 보았다. 예상은 했지만, 칼질은 결코 쉬운 일이 아니었다. 손에 힘이 조금만 빠져도 양배추 모양이 제멋대로 썰려 나갔고, 힘을 주고 모양까지 신경 쓰니 시간이 오래 걸려도 너무 오래 걸렸다.

"민서야, 천천히 해도 돼. 느긋하게 해."

아빠는 민서 옆에 서서 '토도도도' 소리를 내며 오이를 썰었다. 몇 번 칼질을 한 민서는 겨우 허리를 펴고 아빠의 오이를 내려다보았다. 길이도 너비도 가지런한 것이 민서의 양배추와는 너무 달랐다. 민서는 다시 한 번 심호흡을 크게 하고 칼질을 시작했다.

얼마나 오래 했을까? 넙적한 양배추 잎 두 장을 채 써는 데 성공한 민서는 뻐근해진 어깨와 허리를 주무르며 아빠에게 접시를 내밀었다. 민서가 양배추와 씨름하는 동안 아빠는 파프리카와 오이, 깻잎, 단무지를 얇게 채 썰고, 새우까지 데쳐서 접시에 세팅을 하고 있었다. 마침 퇴근을 한 엄마가 주방으로 들어왔다.

"와! 월남쌈이네? 맛있겠다. 그런데 민서야, 넌 왜 그렇게 넋이 나갔어?"

엄마가 민서 얼굴을 빤히 쳐다보며 물었다.

"하하, 오늘 민서가 아주 많이 힘들었지. 이것 때문에······."

아빠는 민서가 썰어 놓은 양배추를 가리키며 말했다.

"양배추? 양배추가 왜?"

엄마가 양배추와 민서를 번갈아 쳐다보았다.

"이거 제가 썰었어요. 양배추 써는 거 진짜 힘들어요. 허리랑 어깨랑 엄청 아프다니까요."

민서는 어깨를 휘휘 돌리며 자랑스럽게 말했다.

"오오, 멋진데?"

엄마가 웃으며 엄지손가락을 들어 올렸다. 다함께 식사를 시작하며, 라이스페이퍼에 양배추를 올려놓던 엄마가 민서를 보며 물었다.

"이제 칼질은 민서가 도맡아 하는 건가?"

"하하하, 그랬다간 저녁을 다음 날 새벽에 먹는 일이 벌어질 거야."

아빠는 민서를 쳐다보며 말했다.

"아빠, 저도 연습을 계속하면 칼질이 늘겠죠?"

"그럼, 당연하지. 아빠는 뭐 처음부터 잘했겠니?"

"아빠, 저 내일부터 아빠 안 계실 때도 조금씩 연습해 보면 안 돼요?"

"흠, 위험하지 않을까?"

아빠는 걱정스러운 표정을 지었다. 그때, 민서 머릿속에 학교에서 선생님이 했던 이야기가 떠올랐다.

"정말 조심조심, 아주 조금씩만 할게요."

아빠는 잠깐 동안 생각을 하더니 고개를 끄덕였다.

"뭐, 좋아. 그럼 아빠가 애호박을 토막 내서 냉장고에 넣어 둘 테니까 그걸로 연습해 봐. 어떤 모양으로 썰어도 괜찮아."

"우와!"

민서는 저도 모르게 입을 가리며 소리를 질렀다.

"어휴, 저렇게 좋을까?"

엄마가 신기하다는 듯 민서를 쳐다보았다.

저녁을 먹고 나서 엄마가 설거지를 하는 동안, 아빠는 애호박을 칼로 잘랐다. 그리고 한 토막씩 봉지에 담아 냉장고에 넣어 두었다.

"민서야. 이걸로 하면 되는데, 하다 안 되겠으면 그대로 놔 둬. 괜히 다치면 안 된다."

"네, 걱정 마세요."

민서는 싱글벙글 웃으며 방으로 들어왔다. 그런데 책과 학원 교재, 각종 필기도구가 잔뜩 쌓여 엉망인 책상 한쪽 구석에 공책 하나가 삐죽이 고개를 내밀고 있었다. 좋은 습관을 적은 뒤 아무렇게나 던져 놓았던 그 공책이었다.

민서는 책상 앞에 앉아 언제나 그랬듯이 쌓인 물건들을 한쪽으로 쓱 밀어 두고 공책을 꺼냈다. 아무것도 적지 않은 새로운 페이지를 펼친 뒤 맨 위에 '만들고 싶은 습관'이라고 크게 적었다. 그 아래에는 번호를 매겨 가며 생각나는 것들을 하나씩 적어 보았다.

    1. 식당 주방에 들어가기 전에 먼저 손을 씻고 앞치마, 모자, 마스크를 쓴다.
    2. 집에서 음식을 할 때도 손을 가장 먼저 씻는다.
    3. 매일 칼질 연습을 한다.

여기까지 신나게 적은 민서는 잠깐 생각을 하다가 다음 번호를 썼다.

    4. 학원에 다녀오면 학원 숙제부터 한다.

겨우 네 개뿐인 별것 아닌 내용이었지만, 민서는 읽고 또 읽어 보았다. 그러고는 공책을 책상에 쌓여 있는 물건 더미 위에 올려놓았다.

만들고 싶은 습관

① 식당 주방에 들어가기 전에 먼저 손을 씻고 앞치마~~ 마스크를 쓴다.
② 집에~~ 장 먼저 씻는다.
③ 매일 ~~
④ 학원에~~ 학원숙~~

 습관 만들기 4

'2분의 법칙'으로 습관을 만들어요

- 습관을 만들 때에는 '2분의 법칙'이 도움이 됩니다. 해야 할 행동이 매일 2분을 넘지 않는 것이죠. 습관을 잘게 쪼갠 다음, 매일 같은 행동을 반복하고, 일부러 노력하지 않아도 될 때까지 딱 2분만 해 봅시다.

📌 아래처럼 잘게 습관을 나누어 본 뒤 '아주 쉬움'에 적어 놓은 것부터 시작해 보세요. 2분도 걸리지 않을 것입니다.

- 만들고 싶은 습관 : ① 수학 문제집 한 시간 풀기 ② 매일 필독 도서 30페이지 읽기

아주 쉬움	쉬움	중간	어려움
수학 문제집 펴기	한 문제 풀기	15분 풀기	한 시간 풀기
필독 도서 펴기	한 페이지 읽기	10페이지 읽기	30페이지 읽기

 ## 만들고 싶은 습관이 생겼어!

다음 날 조회 시간, 선생님이 교실에 들어서자마자 하영이가 기다렸다는 듯 손을 들며 외쳤다.

"선생님, 궁금한 게 있어요!"

선생님은 고개를 돌려 하영이를 바라보았다.

"그래? 뭐야?"

"제가 어제부터 줄넘기를 하려고 했는데요, 학교 끝나고 학원 갔다 오면 저녁 먹어야 하고, 저녁을 먹고 나면 배가 불러서 못하겠고, 그래서 쉬다 보면 금방 깜깜해져서 밖에 나가기가 무서운 거예요. 딱 다섯 번만 하기로 마음먹었는데, 도대체 언제 해야 할지 모르겠어요."

선생님은 하영이의 이야기를 들으며 곰곰 생각하더니 칠판에 뭔가를 적었다.

지금 나의 습관	학교 – 학원 – 저녁 식사 – 휴식
만들고 싶은 습관	줄넘기
습관 쌓기	학교 – 줄넘기 – 학원 – 저녁 식사 – 휴식 또는 학교 – 학원 – 줄넘기 – 저녁 식사 – 휴식

표를 다 쓰고 나서 선생님은 아이들을 바라보며 말했다.

"이건 습관 쌓기라는 건데, 말 그대로 내가 지금 하고 있는 습관에 새로운 습관을 쌓는 거예요. 말로 하는 것보다 표로 보는 게 더 쉽지?"

아이들은 칠판을 바라보며 고개를 끄덕였다.

"하영아. 줄넘기를 학교와 학원 사이에 끼워 넣어도 좋고, 아니면 학원과 저녁 식사 사이에 끼워 넣어도 좋겠는데? 하영이 네가 더 편한 쪽으로 선택하면 될 것 같아. 어때? 뭔가 좀 확실하게 느껴지지 않아?"

"네, 표로 보니까 엄청 쉬워 보여요."

"그래. 그러니까 새로운 습관을 만들고 싶은데 지금 하고 있는 일들 때문에 어떻게 시작해야 할지 모르겠다는 친구들은 이런 식으로 습관 쌓기를 해 보는 것도 도움이 될 거야. 마음속으로만 생각하면 잊어버리기 쉬우니까, 어디에든 적어 놓고 틈날 때마다 한 번씩 보는 게 더 좋고. 다들 알았죠?"

"네!"

아이들이 큰 소리로 대답을 했다.

수업이 끝난 후, 민서는 얼른 집으로 갔다. 그러고는 주방으로 들어가 아빠가 준비해 둔 애호박을 꺼내 도마 위에 올려놓았다. 학원에 가기 전 남은 시간은 한 시간 정도였다. 민서는 심호흡을 한 번 하고 칼을 집어 들었다. 그런데 뭔가가 찜찜했다.

'이상하네. 다 준비됐는데 왜 꼭 뭐가 빠진 것 같지?'

한참을 생각하던 민서는 칼을 내려놓고 개수대로 갔다. 민서가 빼먹은 것은 바로 손 씻기였다. 민서는 손 세정제로 꼼꼼하게 손을 씻은 후 다시 칼을 들었다. 그리고 애호박을 천천히 썰기 시작했다. 역시 칼질은 어려웠다. 정말 열심히 썰었는데도 썰려 나간 애호박을 살펴보니 두께며 모양이며 모든 게 제각각이었다.

민서는 한숨을 내쉬며 칼을

내려놓았다. 대체 이 어려운 칼질을 아빠나 아저씨는 어쩜 그렇게 척척 해내는 걸까? 민서는 고개를 절레절레 저으며 못난이가 된 애호박 조각들을 한데 모아 그릇에 넣었다. 학원에 갈 채비를 서둘러야 했다.

학원 수업을 하는 동안에도 민서 머릿속에는 엉망이 된 애호박이 자꾸 생각났다. 그래서인지 기운도 없고, 선생님이 농담을 해도 웃을 수가 없었다. 학원 수업이 끝나고 집으로 가는 길, 승우가 민서의 팔을 툭 치며 물었다.

"야, 너 얼굴이 왜 그래? 꼭 어디서 혼나고 온 것처럼."

"하아, 아까 칼질 연습을 해 봤는데 잘 되지가 않아. 아주 엉망이야."

민서의 말이 채 끝나기도 전에 승우는 거리가 떠나가라 웃었다.

"푸하하하! 뭘 했다고? 야, 네가 한석봉이냐?"

"야! 한석봉은 글씨를 썼고, 떡을 썬 건 한석봉 엄마지."

"아, 맞다! 하여튼 그럼 넌 뭘 썬 거야?"

"애호박."

"애호박?"

민서는 고개를 끄덕였다.

"푸하하하!"

"왜 웃어?"

"아니, 그냥 네가 칼질을 하는 것도 웃기고, 엉망이 됐을 애호박도 웃기고, 다 웃겨. 푸하하!"

"너무 웃지 마. 우리 아빠도 처음부터 잘했던 건 아니라고 하셨어. 그러니까 나도 계속 연습해서 꼭 예쁘게 썰고 말 거야."

"오오! 그래, 뭐. 나도 요가 열심히 해서 꼭 다리를 일자로 벌리고 말 거니까. 우리 같이 파이팅하자."

"아, 맞다. 너 요가 했어?"

"뭐야? 그걸 이제야 물어보냐? 나 요즘 매일 하잖아."

"수요일에 한다며?"

"수요일에는 엄마랑 동영상 보면서 같이 하는 거라서 좀 오래 하고, 다른 날은 틈날 때마다 해. 그런데 이제 뭔가 계획을 좀 세워야겠어."

"무슨 계획?"

"아까 선생님이 말씀하신 거 있잖아. 습관 쌓기인가 뭔가……."

"아아!"

집에 돌아와 씻고 저녁을 먹는데 엄마가 민서에게 물었다.

"선생님은 어떠셔? 승우 말처럼 정말 공부를 어마어마하게 시키셔?"

"아니요. 좀 특이하신데 저는 좋아요."

"그래? 어떤 점이 특이한데?"

"자리 배치도 특이하게 하시고, 반장도 없애고, 숙제도 안 내주세요. 그리고 습관 얘기를 매일 하세요."

"습관? 어떤 얘기를 하시는데?"

"네. 처음엔 자기 습관을 적어 보라고 하시고, 또 만들고 싶은 습관도 적어 보라고 하셨어요. 그리고 습관 쌓기인가? 그런 얘기도 해 주시고……."

"습관 쌓기? 그건 뭐야?"

이번에는 아빠가 물었다.

"아, 애들이 만들고 싶은 습관이 있어도 시간이 없어서 못 한다고 했거든요. 그랬더니 선생님이 습관을 만드는 건 어렵게 하면 안 된다고, 아주 쉽게 시작하라고 하셨어요. 그리고 원래 하던 일에 만들고 싶은 습관을 끼워 넣으라고 하셨는데, 그게 습관 쌓기래요."

"그래? 그럼 넌 어떤 습관을 만들고 싶어?"

민서는 노트에 적었던 '만들고 싶은 습관'을 떠올렸다. 그런데 막상 엄마 아빠에게 말하려니 조금은 부끄러운 생각이 들어 머뭇거렸다.

"얘기해 봐. 뭐 어때? 엄마 아빠가 도와줄 수도 있잖아."

엄마의 말에 민서가 싱긋 웃으며 말했다.

"별거 아니에요. 손 잘 씻는 거랑 칼질 연습하는 거랑 학원 숙제 잘하는 거요."

"그래. 손 잘 씻는 건 음식 만드는 데 기본이니까, 습관을 잘 만들면 좋지. 칼질이야 뭐 말할 것도 없고……. 그런데 학원 숙제는 왜? 그동안 잘 못했어?"

"아니에요. 하긴 했어요. 그런데 학교에서 급하게 하니까 글씨도 엉망이고, 제대로 못할 때도 있고……. 그래서 선생님이 학원 수업 끝나고 집에 가자마자 숙제부터 하라고 자꾸 그러세요."

"아하! 좋아. 그럼 이제 학원 끝나고 저녁 먹고 숙제 하나 안 하나, 엄마가 지켜보겠어."

"아, 괜히 말했다."

민서가 한숨을 쉬자 엄마가 장난스럽게 웃었.

저녁 식사를 마치고 난 후 민서는 거실 소파에 앉아 요리 동영상을 찾아서 보았다. 한창 프라이팬을 돌리는 요리사의 손놀림에 감탄하고 있을 때, 설거지를 마친 엄마가 민서 앞으로 다가와 섰다.

"뭐해? 너 학원 숙제 한다며?"

"에이, 얼마 안 돼요. 주말에 하면 돼요."

"알지. 그렇지만 학원 갔다 와서 숙제하기로 마음먹었다고 했잖아. 그러면 해야지."

"하아……. 아까 하신 말씀이 진짜였어요?"

"여러 말 말고 얼른 일어나."

엄마는 책꽂이에서 책을 하나 빼더니 앞장서서 민서 방으로 들어갔다. 민서도 하는 수 없이 한숨을 내쉬며 따라 들어갔다. 책상 위는 여전히 엉망인 상태였다.

"자, 이런 책상에서 숙제를 어떻게 하는지 한번 구경해 볼까?"

엄마가 민서 침대에 앉으며 말했다. 민서는 엄마를 힐끗 보고는 전과 똑같이 책상 위에 있는 물건들을 한꺼번에 쓱 밀어 버렸다. 엄마는 말없이 고개를 절레절레 저었다. 민서는 아무렇지 않은 듯 씩 웃고는 책상 앞에 앉았다.

"네가 숙제하는 동안 엄마는 책 읽을 거야. 그러니까 얼른 시작해."

민서는 하는 수 없다는 듯 가방에서 학원 교재들을 꺼냈다. 숙제는 오늘 배운 영어 단어 열 번씩 쓰기였다. 귀찮고 하기 싫었지만, 엄마 눈치를 살펴 가며 영어 단어를 쓰기 시작했다.

그렇게 삼십 분쯤 지나고, 민서는 숙제를 마치고 교재를 덮었다. 엄마도 책을 덮고 일어나며 말했다.

"이거 좋다. 너는 숙제하고 나는 책 읽고……. 앞으로 학원 갔다 온 날은 이렇게 해야겠네. 이렇게 얼른 숙제해 놓으니까 얼마나 좋니? 이제 주말에는 맘껏 놀 수 있을 거 아냐."

엄마 말이 맞았다. 숙제를 하기 전에는 도무지 하고 싶지 않았지만,

모두 끝내고 나니 마음이 날아갈 듯이 가볍고 편안해졌다.

　엄마가 방에서 나간 후, 민서는 기분 좋게 학원 교재를 다시 가방에 넣었다. 잠시 멍하니 앉아 있던 민서는 습관 노트를 꺼내 '만들고 싶은 습관'을 적었던 페이지의 뒷장을 펼쳐 표를 하나 그렸다.

월	학교 - 칼질 연습 - 학원 - 저녁 식사 - 학원 숙제 - 자유 시간
화	학교 - 식당 - 저녁 식사 - 칼질 연습 - 자유 시간
수	학교 - 식당 - 저녁 식사 - 칼질 연습 - 자유 시간
목	학교 - 칼질 연습 - 학원 - 저녁 식사 - 학원 숙제 - 자유 시간
금	학교 - 칼질 연습 - 학원 - 저녁 식사 - 학원 숙제 - 자유 시간

표를 채우면서 방학 계획표를 쓰는 것 같아 웃음이 나왔다. 지금껏 수많은 방학 계획표들을 만들어 봤지만, 지킨 적은 단 한 번도 없었다. 그런데 이 표와 방학 계획표는 분명히 다른 점이 있었다. 시간이 정해져 있지 않고 내용도 훨씬 단순해서 해야 할 일들이 더 명확하게 느껴졌다. 물론 아직 이것들을 다 지킬 수 있을지 알 수 없다. 그렇지만 방학 계획표를 쓸 때와는 달리, 왠지 가능할 것도 같다는 생각이 들어 가슴이 두근거렸다.

 습관 만들기 5

습관은 쌓아야 내 것이 된다

- 습관 쌓기라는 것은 '내가 매일 하고 있는 습관'에 '새로운 습관'을 쌓는 것입니다.

- 가령, 날마다 수학 문제집 푸는 습관을 갖기로 했다면, 다음과 같이 습관 쌓기를 할 수 있습니다.

  – 나는 학교에서 돌아와 간식을 먹은 다음 책상에 앞아서 수학 문제집을 편다.
  – 나는 옷을 갈아입은 후 곧바로 수학 문제집을 편다.

📌 지금부터 '습관 쌓기'를 실천해 봅시다. 기억하세요! 매일 하는 행동 다음에 습관으로 만들고 싶은 행동을 연결하는 것입니다.

  – 나는 _____ 다음에 _____ 한다.

_____

_____

_____

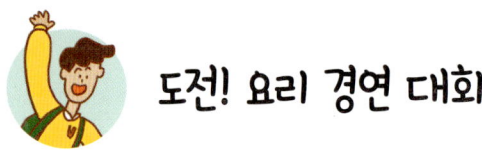 **도전! 요리 경연 대회**

 몇 주가 지났다. 그동안 민서는 일주일에 두 번 아저씨의 식당에 가서 온갖 나라의 음식들을 뚝딱 만들어 내는 신들린 요리 실력을 감상했고, 식당에 가지 않는 다른 날들은 승우와 놀거나, 학원에 가거나, 칼질 연습을 했다.

 그러는 동안 달라진 것도 있었다. 이제 민서는 주방 개수대만 봐도 손을 씻고 싶어졌다. 칼질도 애호박에서 오이로 한 단계 뛰어올랐다. 덕분에 민서네 밥상에는 매일 오이무침, 오이 샐러드, 오이가 들어간 비빔국수 등이 올라왔다.

 오늘도 아저씨네 식당에 다녀온 민서는 저녁을 먹고 난 후 칼질 연습을 하려고 주방으로 갔다. 손을 씻고 칼과 도마, 오이를 챙긴 민서는 심호흡을 크게 한 후 오이를 동그란 모양으로 썰기 시작했다. 그런데 갑

자기 며칠 동안 똑같은 오이를 똑같은 모양으로 써는 게 지루하다는 생각이 들었다.

"아빠, 이제 오이 말고 다른 거 썰어 보면 안 돼요? 당근 같은 거요."

민서는 소파에 앉아 있는 아빠를 향해 물어보았다.

"에이, 아직은 아니지. 최소한 '타타타탁' 소리는 나야 하는데 아직은 '타악타악'이잖아."

"그렇지만 오이는 너무 많이 썰었는데……."

민서는 도마에 놓인 오이를 바라보며 볼멘소리를 했다.

"너 오이 썰기 시작한 지 겨우 일주일밖에 안 됐어. 너무 욕심내지 마."

대답을 마친 아빠는 뉴스 화면으로 고개를 돌렸다. 민서는 한숨을 내쉰 뒤, 동그랗게 썰린 오이를 도마 위에 촤라락 눕혔다. 이제 채를 썰 차례였다.

'속도를 더 내봐야겠어.'

민서는 오이를 한 번 노려본 후, 칼을 들었다. 그리고 할 수 있는 한 가장 빠른 속도로 채를 썰기 시작했다. 빠르게 써는 것에 너무 신경을 써서였을까?

"아! 아앗!"

민서는 소리를 지르며 칼을 도마 위로 팽개치고 말았다. 오이를 누르고 있던 왼손과 칼을 든 오른손이 어긋나면서 그만 왼손 셋째 손가락을 베인 것이었다.

"무슨 일이야? 괜찮아?"

놀란 아빠가 주방으로 뛰어 들어왔다. 설거지를 하던 엄마도 걱정스러운 표정이 되었다.

"어휴, 어쩐지 칼질 소리가 너무 빠르다 했어. 이만하길 다행이다."

엄마가 반창고를 가져와 민서 손가락에 붙여 주며 말했다. 민서는 털레털레 방으로 들어와 침대에 벌렁 누웠다. 칼질은 마음대로 되지 않고, 손가락은 다치고, 정말이지 너무 화가 나고 속상했다.

그 후로 한동안 민서는 칼과 도마를 쳐다보지도 않았다. 손가락도 아프고, 늘지 않는 실력에 짜증도 나서, 칼질이 하기 싫었다. 그래서 칼질 연습을 하던 시간에 소파나 침대에서 텔레비전이며 동영상을 보며 시간을 보냈다.

며칠이 지났다. 손가락이 다 낫고, 그만큼 시간이 지나자 더 이상 칼과 도마를 봐도 화가 나지 않았다. 아저씨네 식당에 가는 것은 여전히 재미있었고, 요리 동영상에도 더욱 빠져들었다. 그런데 이상하게도 칼질 연습은 다시 시작하지 못하고 있었다. 아빠가 "너 이제 칼질 연습 안 해?"라고 물으면 "할 거예요."라고 대답만 할 뿐, 주방으로 발이 움직이지 않았다.

며칠 후, 수업을 조금 일찍 끝낸 선생님이 하영이에게 물었다.
"하영아, 줄넘기는 잘 하고 있니? 날이 많이 더워져서 땀도 나고, 하기 싫을 텐데……."
하영이가 생글생글 웃으며 말했다.
"저녁에는 시원해서 괜찮아요. 근데 더 더워지면 정말 하기 싫을 것 같아요."
선생님은 고개를 끄덕인 후 반 아이들을 향해 말했다.
"아마 다른 친구들도 마찬가지일 거야. 좋은 습관을 만들고 싶지만 날씨가 더워서, 피곤해서, 아파서, 아니면 하필 그날따라 할 일이 많아서, 이렇게 가지가지 이유로 건너뛰게 될 때가 있지?"

아이들은 고개를 끄덕였다.

"그러면 어떻게 해야 할까?"

아이들이 뭐라고 대답할지 몰라 어리둥절해 있는 가운데 승우가 큰 소리로 말했다.

"그래도 해야 하는 것 아니에요? 무조건 계속해야 습관이 되죠."

승우의 말에 여기저기에서 "아우~" 하는 소리가 들렸다.

"역시 우리 승우는 정말 적극적이야. 멋져!"

선생님은 승우를 향해 엄지손가락을 치켜올렸다.

"물론 어떤 상황에서든 열심히 하려고 노력하는 건 중요한 일이야. 그렇지만 어쩔 수 없는 사정으로 못하게 되더라도 괜찮아. 누구나 당연히 그럴 수 있어."

아이들이 크게 고개를 끄덕였다.

"문제는 그 다음이지. 건너뛰고 난 다음!"

선생님은 뒤로 돌아 칠판에 '두 번은 거르지 않는다!'라고 썼다.

"이번에는 내 이야기를 해 줄게. 나는 새벽에 수영을 하고 나서 학교에 와요."

아이들 사이에서 "우와!" 하는 탄성이 터져 나왔다.

"예전에도 나는 새벽 수영을 한 적이 있었어. 그런데 그때는 수영하

는 습관을 만들지 못하고 완전히 실패하고 말았어. 왜냐하면 두 번을 건너뛰었거든."

그때, 승우가 물었다.

"두 번 건너뛰면 실패한 거예요?"

"음, 그게……. 사실 한 번을 건너뛰었을 때는 '내일은 꼭 가야지'라고 생각했어. 그런데 두 번을 거르고 나니까 좀 달라지는 거야. 우선 늘 일어나던 시간에 눈이 떠지지 않았고, 머릿속에 이런 생각이 드는 거지. '하, 두 번이나 건너뛰었는데 이제 다시 한다고 무슨 소용이람.' 그러면서 새벽에 일어나 수영을 하러 가는 게 너무 귀찮은 일로 여겨지는 거야."

아이들은 모두 고개를 끄덕였다.

"그래서 내가 여러분에게 당부하고 싶은 것은 '무슨 일이 있어도 두 번은 거르지 않는다'는 원칙이야. 아무리 좋은 습관이고, 너무너무 만들고 싶은 습관이 있어도 어쩔 수 없는 사정으로 한 번은 거를 수 있어. 그렇지만 두 번을 거르고 쉬게 되면, 그때부터는 쉬는 게 새로운 습관이 되는 거야. 다시 원래의 습관으로 돌아가기가 어려워진다는 거지."

그 순간 민서의 머릿속에 뭔가 번쩍하고 떠올랐다. 그동안 왜 칼질 연습을 할 마음이 생기지 않았는지 그 이유를 알 것 같았다.

"여러분은 나와 같은 잘못을 하지 않기 바라서 이야기한 거예요. 그러니까 꼭 이 말을 기억하면서 꾸준히 습관을 잘 만들어 갔으면 좋겠어요. 오늘 수업은 끝! 내일 만나자!"

그날 저녁, 민서는 오랜만에 주방으로 들어갔다.

"민서, 왜? 뭐 필요한 거 있어?"

설거지를 하려던 엄마가 민서에게 물었다. 민서는 말없이 손을 씻고 칼과 도마를 챙겼다. 그리고 냉장고에서 오이를 하나 꺼냈다.

"오오, 이 장면! 어디서 많이 보던 장면 같은데?"

엄마가 고무장갑을 끼며 싱긋 웃었다.

"오늘부터 다시 많이 보게 될 거예요."

민서는 도마 위에 오이를 올려놓고 썰기 시작했다. 오래 쉬어서인지 예전보다 속도도 느렸고, 정확하게 칼질이 되지도 않았다. 민서는 칼을 놓고 한숨을 쉬었다.

"무슨 한숨을 그렇게 크게 쉬어? 너무 걱정하지 마. 몇 번 하다 보면 금세 빨라질 거야. 속도보다 다치지 않게 조심하는 게 더 중요해."

소파에 앉아 민서를 바라보고 있던 아빠가 큰 소리로 말했다. 민서는 고개를 끄덕이고 다시 칼을 집어 들었다. 느리지만 정확하게, 그리고 조심스럽게 칼질을 하기 시작했다.

'이제 다시 시작이야! 다시는 두 번 이상 거르지 말아야지.'

도마 위의 오이를 바라보는 민서의 눈에, 칼을 잡은 손에 바짝 힘이

들어갔다.

학원 수업이 끝난 후 집에 온 민서는 저녁 식사를 하고 언제나 그랬듯이 소파에 앉았다. 설거지를 마친 엄마가 책꽂이에서 책을 뽑으며 민서를 불렀다. 민서는 자연스럽게 소파에서 일어나 방으로 들어갔고, 뒤죽박죽이 된 책상 위를 쓱 밀어 버리고 학원 교재를 펼쳤다. 모든 일과가 월요일, 목요일, 금요일마다 반복 재생되는 동영상 같았다.

그런데 오늘은 조금 다른 장면이 끼어들었다. 민서가 숙제를 막 마무리할 때쯤이었다.

"민서야!"

아빠가 큰 소리로 민서를 부르며 방으로 들어왔다. 엄마와 민서가 무슨 일인가 싶어 눈을 동그랗게 뜨고 아빠를 바라보았다.

"내일 아저씨가 식당에 잠깐 들르라고 하는데?"

"내일요? 토요일인데 왜요?"

"너한테 할 말이 있대. 12시부터 2시까지, 6시부터 8시까지는 손님 계시니까 다른 시간 아무 때나 와도 된다고 하네."

"네."

민서는 어리둥절한 얼굴로 고개를 끄덕였다. 엄마도 영 모르겠다는 표정이었다.

다음 날, 민서는 늦은 아침을 먹고 아저씨네 식당으로 갔다. 민서가 문을 열고 들어서자 아저씨가 주방으로 오지 말라는 손짓을 했다. 아저씨는 일하던 주방에서 나와 탁자 위에 놓여 있던 노트북을 켰다.

"이리 와서 옆에 앉아 봐."

아저씨는 민서가 화면을 보기 쉽도록 노트북 방향을 돌려 주었다. 〈건강한 요리 경연 대회〉라는 타이틀이 눈에 들어왔다.

"이게 뭐예요?"

민서가 화면에서 눈을 떼지 않으며 물었다.

"초등학생도 나갈 수 있는 요리 경연 대회가 있더라고. 너 한번 나가 볼래?"

"제가요?"

아저씨는 고개를 끄덕였다.

"응. 이 대회에 나가려면 지도해 줄 어른이 한 명 있어야 하거든. 너하고 내가 한 팀으로 나가면 딱 좋을 것 같은데, 어때?"

"나가고 싶긴 한데, 제가 잘할 수 있을지 모르겠어요. 저, 사실 지난번에 손가락 다친 후로는 칼질 연습도 제대로 못 했거든요."

아저씨는 그럴 줄 알았다는 듯 고개를 끄덕였다.

"알고 있어. 하기 싫었지?"

"네?"

민서는 휘둥그레진 눈으로 아저씨를 쳐다보았다.

"그렇게 놀랄 것 없어. 언젠가부터 네가 호기심도 줄어들고 질문도 적어지더라고. 왜 그럴까 생각해 봤는데, 손을 다친 게 계기가 되었겠다 싶더라고……. 꾸준히 잘 달리다가 어느 순간 확 넘어진 것 같은, 그런 기분이 아니었을까?"

아저씨의 말을 들으며 민서는 저도 모르게 고개를 끄덕이고 있었다.

"넘어진 김에 좀 쉬자 했는데, 좀 오래 쉬었지?"

"네."

"걱정 마. 나도 쉬다가 달리다가 그랬거든."

"정말요?"

아저씨는 민서 앞으로 두 손을 쫙 펴서 내밀었다.

"자, 여기 봐. 상처 엄청나게 많지?"

아저씨 말대로 크고 작은 상처들이 눈에 띄었다.

"나도 처음에는 뜻대로 칼질이 되지 않고 상처가 날 때마다 화도 나고 요리하기도 싫었어. 그런데 이제는 이 상처들이 아니었다면 내가 요리사가 될 수 있었을까, 하는 생각이 들어."

민서는 아저씨의 상처를 물끄러미 바라보았다.

"얼마 전부터 칼질 연습 다시 시작했다며? 그럼 된 거야. 넘어졌더라도, 얼른 일어나서 다시 달리겠다는 마음만 있으면 무슨 일이든 할 수 있어."

아저씨가 부드럽게 웃으며 말했다. 그러나 민서는 여전히 굳은 얼굴로 대답했다.

"아무리 그래도, 너무 쉬어서 그런지 칼질을 전보다 더 못하는 것 같아요. 이대로 대회에 나갈 수 있을지 잘 모르겠어요. 거기는 엄청 잘하는 애들만 나올 텐데요?"

"어휴, 별걱정을 다 한다. 내가 도와줄게! 난 마음의 준비가 다 되어 있어. 네가 결심만 하면 돼."

아저씨의 계속된 격려에 마음이 좀 편안해진 민서는 노트북 화면에 적힌 글자들을 천천히 읽어 보았다. 〈건강한 요리 경연 대회〉는 양파, 파프리카, 호박, 버섯, 가지, 오이, 나물처럼 민서나 다른 아이들이 대부분 좋아하지 않을 재료들을 이용해 두 가지 요리를 완성하는 대회였다. 요리하는 동영상으로 먼저 예선을 치르고, 거기서 통과된 팀들이 모여 결승을 치르는 방식이었다.

그런데 민서의 마음을 잡아 끈 것은 따로 있었다. 결승에서 상을 받으면 어린이 신문에 인터뷰 기사가 실린다는데, 그 어린이 신문은 민서네 학교 아이들이 많이 읽는 것이었다. 민서가 상을 받고 인터뷰를 하는 게 신문에 실리고, 그걸 학교 친구들이 보게 된다면 기분이 정말 좋을 것 같았다. 민서는 결심한 듯 아저씨를 바라보며 말했다.

"저 나갈게요, 이 대회!"

"좋아! 우리 한번 잘해 보자. 인터넷으로 접수하고 한 달 후에 동영상을 제출해야 하니까 그때까지 실전 연습을 하면 되겠다."

아저씨 말을 듣는 순간 민서는 심장이 쿵쾅거리는 느낌이 들었다. 아저씨의 주방에서 할 일이 생기다니, 너무 설레고 기분이 좋았다.

"저, 연습은 언제부터 해요?"

"다음 주부터 하면 될 것 같은데? 늘 오던 대로 와."

"더 자주 와서 연습해야 되는 것 아니에요?"

"아니. 그럴 필요 없어. 일주일에 두 번만 와서 해도 충분해."

아저씨는 고개를 저으며 단호하게 말했다. 더 자주 와서 연습하고 싶다는 생각이 들었지만, 민서는 고개를 끄덕이며 "네!" 하고 대답했다.

잠시 후 선생님이 들어왔다. 앉아 있는 아이들을 쫙 한번 둘러본 선생님이 물었다.

"얘들아, 이제 6학년이 된 지 벌써 석 달이 지났는데 어때? 그동안 달라진 게 좀 있었어?"

갑작스러운 질문에 아이들은 선뜻 대답을 하지 못하고 머뭇거렸다.

"하영이는 어때? 줄넘기는 잘돼 가?"

"네! 그런데 연습을 할 때도 있고, 못 하고 지나갈 때도 있어요."

"그럼 잘하고 있는 거야. 어떤 일이든 늘 잘할 수도 없고, 그럴 필요도 없거든. 일단 시작했다는 게 중요한 거지."

하영이는 쑥스러운지 발그레해진 얼굴로 말했다.

"그래도 요즘은 좀 더 많이 해요. 어떨 땐 진짜 하기 싫을 때도 있는데, 일단 줄넘기를 가지고 놀이터로 그냥 나가요. 그러면 몇 번이 되었든 하고 들어오거든요."

"바로 그거야! 어찌 됐건 시작을 하면 습관을 만들 수 있거든. 시작도 안 하고 어떻게 습관을 만들 수 있겠니?"

아이들이 모두 고개를 끄덕였다.

"자, 그럼 어디 '만들고 싶은 습관을 시작했다' 하는 친구들이 있으면 손 한번 들어 볼까?"

민서가 주변을 둘러보았다. 승우는 이미 하늘을 뚫을 듯이 손을 높이 쳐들었고, 다른 아이들도 몇몇 쭈뼛거리면서 손을 들었다. 민서도 조심스럽게 손을 들었다.

"자, 다들 습관을 잘 만들어 가고 있는 자기 자신에게 박수!"

선생님의 말에 아이들은 엉겁결에 박수를 치기 시작했다. 그런데 그 모습이 조금은 웃겼는지 모두들 와하하 웃음을 터뜨렸다.

수업이 끝난 후, 민서와 승우는 학원으로 갔다. 오늘도 승우는 벼락치기 숙제 때문에 선생님께 타박을 듣고는 시무룩하게 수업을 마쳤다.

"아, 진짜 숙제 없는 세상에서 살고 싶다."

학원을 나오며 승우는 세상에서 가장 슬픈 얼굴로 중얼거렸다.

"뭐 그런 걸로 기가 죽고 그래? 어깨 좀 펴!"

민서가 승우의 양 어깨를 잡고 쭉 늘리고 있는 그 순간, 승우와 민서의 전화벨이 거의 동시에 울렸다. 둘 다 엄마에게 온 전화였다.

"민서야, 아빠는 회사에서 늦으신다 하고, 엄마도 약속이 생겨서 늦을 것 같거든. 그러니까 승우네 집에서 저녁 먹고 와. 승우 엄마한테 얘기해 놨어."

"네, 알았어요."

전화를 끊자 승우가 민서의 가방끈을 당기며 말했다.

"얼른 가자. 우리 엄마가 너 잘 데리고 오래."

승우네 집으로 들어서니 맛있는 냄새가 확 풍겨 왔다. 승우 엄마는 앞치마를 한 채 주방에서 나왔다.

"어머, 민서야! 정말 오랜만이다. 그동안 왜 안 놀러 왔어?"

"엄마, 민서 요즘 엄청 바빠요. 공부도 해야지, 요리도 해야지."

민서는 그만하라는 뜻으로 승우의 등을 툭 치면서 승우 엄마에게 꾸벅 인사를 했다.

"맞다! 민서 너 요리 대회 나간다며? 그 말 들으니까 아줌마가 저녁 차리는 데 신경이 막 쓰이더라."

"아, 아니에요. 저 아직 요리 잘 못해요. 이제 배워야 돼요."

"그래? 그렇다면 다행이네. 좀 기다려. 금방 저녁 차릴게."

승우와 민서는 거실 소파에 앉아 텔레비전을 보았다. 그리고 잠시 후, 현관문 열리는 소리가 들리더니 민서 누나 목소리가 들려왔다.

"다녀왔습니다."

민서 누나가 터벅터벅 힘없이 거실로 걸어 들어왔다. 민서가 누나에게 손을 흔들었다. 민서를 본 누나는 깜짝 놀라며 빠른 걸음으로 민서에게 다가왔다.

"어? 뭐야? 우리 민서가 온 거야? 오오오오!"

누나는 함박 웃으며 민서의 두 볼을 살짝 잡고 흔들었다.

"이게 얼마 만이야? 누나 안 보고 싶었어? 키는 왜 이렇게 큰 거야? 키가 커도 귀엽다, 넌!"

승우는 그런 누나를 보며 오만상을 찡그렸다.

"왜 이래? 민서야, 싫으면 싫다고 해."

민서가 피식 웃으며 말했다.

"아니야, 괜찮아."

"쳇, 민서가 너랑 같은 줄 아니? 그렇지, 민서야?"

누나가 싱글거리며 자리를 떴다.

"자, 우선 손부터 씻고 옷을 갈아입은 후에 빨래를 빨래 바구니에 넣어야겠군."

누나는 욕실로 걸어가며 제법 큰 소리로 말했다. 그러더니 말한 대로 행동하고 난 후 소파에 앉았다.

"이제 밥을 먹고 나서 삼십 분 동안 소화를 좀 시킨 다음에 수학 인터넷 강의를 들으면 되겠구나. 그다음엔 미국 드라마를 한 편 보고 자면 시간이 딱 맞겠네. 밥 먹고, 30분 쉬고, 수학 인터넷 강의 듣고, 미국 드라마 보고……."

누나는 계속해서 말을 했다. 그런데 이게 혼잣말처럼 작은 소리도 아니어서 민서는 누나가 말을 할 때마다 깜짝깜짝 놀랐다.

"괜찮아. 뭐, 이상해지고 그런 거 아니야. 너무 놀라지 마."

승우가 민서를 향해 말했다.

"얘들아, 얼른 저녁 먹어."

민서와 승우, 그리고 민서 누나와 승우네 엄마가 식탁에 앉았다.

"잘 먹겠습니다!"

민서 누나와 승우, 그리고 민서가 약속이라도 한 듯이 동시에 외치고

식사를 시작했다.

"민서야, 너도 선생님 때문에 걱정했었어?"

누나가 민서에게 물었다.

"아니, 별로……."

"역시 우리 민서는 승우랑 다르네. 얘는 선생님이 공부 많이 시킬까 봐 아주 긴장하던데."

민서는 웃으며 고개를 끄덕였다. 승우가 누나와 민서를 번갈아 가며 노려보았다.

"박현아 선생님 좋지?"

누나의 물음에 민서는 고개를 끄덕였다.

"선생님이 하시는 말씀, 흘려듣지 말고 잘 새겨들어 봐. 내 친구들 중에도 박현아 선생님 말씀 듣고 달라진 애들 많아."

"정말? 어떻게 달라지는데?"

"음, 성적이 오른 친구도 있고, 피아노 실력이 좋아진 친구도 있고, 편식을 고친 친구도 있고……."

"편식을? 편식도 고쳤어?"

민서가 눈을 동그랗게 뜨고 물었다. 누나는 고개를 끄덕였다.

"응. 먹는 게 밥 두세 숟갈이랑 김, 계란, 햄, 소시지밖에 없는 애가 있었어. 어우, 얼마나 삐쩍 말랐는지, 엄마 아빠는 물론이고 자주 가는 병원의 의사 선생님까지 걱정이 많았대. 그래서 얘는 선생님 말씀을 듣고 난 후에 밥 먹을 때마다 모든 메뉴를 딱 한 숟가락, 딱 한 젓가락만 더 먹는 습관을 만들어 보기로 했어."

"헐, 그럼 이제 아무거나 막 먹어?"

민서의 질문에 누나는 고개를 저었다.

"아니, 아직 그렇게까지는 아니야. 그런데 중요한 건 이제 치킨을 먹는다는 거야."

"치킨?"

민서와 승우가 동시에 소리쳤다.

"응. 말도 마. 얘가 치킨을 처음 먹던 날, 우리 반 애들이 다 신기해서 박수를 쳤다니까. 치킨 먹고 박수 받은 애는 세상에 걔밖에 없을 거야."

"세상에, 치킨을 못 먹는 사람이 있다니, 충격이다."

승우가 고개를 절레절레 흔들었다.

"그럼 그때 누나네 반 친구들은 전부 다 그렇게 달라진 거야?"

민서의 질문에 누나는 고개를 저었다.

"아니. 다 그런 건 아니고, 선생님 말씀을 잘 듣고 따라 했던 친구들이 많이 달라졌지."

승우와 민서가 동시에 고개를 끄덕였다.

"아참, 그런데 누나. 아까 막 '이거 해야지, 저거 해야지' 이러면서 말했잖아. 그건 왜 그러는 거야?"

민서가 묻자 누나가 큰 소리로 웃었다.

"아하하하! 그냥 잊어버리지 않으려고 그러는 거야. 순서대로 이야기를 하다 보면 그 순서대로 행동하게 되거든. 하나도 빼먹지 않고! 가끔 꼭 해야 할 일을 깜빡하고 빼먹을 때가 있는데, 그러면 잘 때 생각나서 엄청 찜찜해. 그래서 내가 만든 방법이야."

"아아……."

민서는 또 고개를 끄덕였다. 그렇게 승우와 민서 누나랑 수다를 떨고 있는데, 그만 돌아오라는 엄마의 전화가 왔다. 집에 들어가니 엄마가 책을 흔들며 민서 방문 앞에 서 있었다.

"민서야, 네가 없어서 엄마가 책을 못 읽고 있었잖아."

"그냥 혼자 읽으셔도 될 텐데……."

민서가 방으로 들어가며 중얼거렸다.

"에이, 그럼 우리 민서 서운하잖아."

학원 숙제 하는 동안 엄마가 옆에 있어야 덜 심심하지."

엄마는 민서를 따라 들어와 침대 위에 앉았다. 민서는 주섬주섬 가방에서 교재를 꺼내 책상에 올려놓았다. 그러더니 갑자기 뭔가 생각난 듯 말했다.

"이제 학원 숙제하고, 간식 먹고, 샤워를 한 다음에 텔레비전을 보다가 잠을 자야지. 아, 맞다! 자기 전에는 꼭 양치질을 해야겠어."

엄마가 눈을 크게 뜨고 민서를 보며 말했다.

"너, 지금 뭐하는 거야?"

"헤헤, 그런 게 있어요."

민서는 엄마를 향해 빙그레 웃고는 책상 앞에 앉아 숙제를 하기 시작했다.

습관이 이토록 신날 줄이야!

- '유혹 묶기'는 유명한 심리학자인 데이비드 프리맥 교수의 이름을 딴 프리맥 원리 Premack Principle 를 활용한 것입니다. 내가 가장 하고 싶은 일과 반드시 해야 할 일을 묶게 되면 해야 할 일을 하게 될 확률이 높아진다는 거죠.

- 이것을 공식으로 나타내면 다음과 같습니다.
    - 현재 내가 하고 있는 습관 다음에 새로운 습관을 한다.
    - 필요한 습관 다음에 내가 좋아하는 습관을 한다.

📌 아래와 같이 여러분이 가지고 싶은 습관을 '유혹 묶기'로 도전해 봅시다.

(유혹 묶기 공식) _____ 다음에 _____ 할 것이다.

- 나는 간식을 먹은 다음 책상에 앉아서 수학책을 펼 것이다.
- 수학 문제를 푼 다음에 유튜브를 볼 것이다.

_____

_____

_____

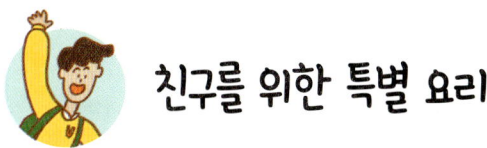 ## 친구를 위한 특별 요리

"아저씨, 저 왔어요!"

민서가 식당 문을 열고 큰 소리로 인사했다. 주방에 있던 아저씨도 활짝 웃으며 손을 흔들어 주었다. 민서는 주방 입구에서 손을 씻고, 필요한 모든 복장을 갖춘 뒤 아저씨 옆으로 다가갔다.

"너를 위해 준비한 게 있지."

아저씨는 채소가 들어 있는 바구니를 조리대 위에 올려놓았다. 그러고는 오이 하나를 민서에게 건넸다.

"이걸로 채 썰기 연습을 해 봐. 집에서 하던 대로 하면 돼."

민서가 고개를 끄덕이며 오이를 받아 도마 위에 올려놓았다. 그때, 아저씨가 민서에게 칼을 건네며 말했다.

"민서야, 너도 다쳐 봤으니까 잘 알겠지만 주방은 아주 위험한 곳이

야. 칼뿐 아니라 다른 것도 위험한 게 많아."

"다른 것들이요?"

"응. 주방에는 칼도 있고 불도 있어. 그리고 불과 만나면 무섭게 변하는 기름도 있지. 깨지기 쉬운 유리나 도자기 그릇도 많아. 조금만 방심하면 크게 다칠 수 있는 곳이 바로 주방이야. 그러니까 늘 긴장하고 조심해야 한다는 거지."

아저씨 말을 듣고 보니 가까이에 위험한 물건들이 많이 놓여 있었다. 민서는 주방을 둘러보며 고개를 끄덕였다.

"그럼 이제 천천히 칼질 연습을 해 봐."

민서는 오이를 도마에 올려놓고 먼저 타원형이 되도록 칼질을 했다. 아저씨가 보는 앞에서 칼질을 하려니 조금 긴장이 되기도 했다.

"잘하네. 연습 많이 했나 봐."

둥그렇게 잘려 도마 위에 누워 있는 오이를 보며 아저씨가 말했다. 민서는 쑥스럽게 웃으며 채를 썰기 시작했다. 천천히, 일정한 모양이 되도록 신경 쓰며 칼질을 했다.

"아저씨, 다 했어요."

민서가 아저씨에게 도마를 내밀었다. 요리를 하고 있던 아저씨는 민서가 내민 도마를 내려다보며 잠깐 생각을 하다가 말했다.

"이제 다지는 걸 해 보자."

"네? 다지는 건 아직 안 해 봤어요."

"그러니까 오늘 해 보자는 거지. 채를 이렇게 잘 썰었으면 다지는 것도 잘할 수 있을 거야."

아저씨는 칼을 가지고 와서 민서가 채 썰어 놓은 오이를 천천히 다졌다. 잘게 다지는 것이라서 채 써는 것보다 칼질이 훨씬 많이 필요했지만, 크게 어려워 보이지는 않았다. 아저씨는 칼질을 멈추고 민서에게 물었다.

"자, 이렇게 하는 거야. 할 수 있겠지?"

"네."

민서는 아저씨가 하던 동작을 떠올리며 천천히 오이를 다지기 시작했다. 어찌나 오래 걸렸는지, 아저씨가 저녁 메뉴 준비를 모두 끝낼 때쯤에야 겨우 마칠 수 있었다.

"잘했네. 정말 칼질 잘하는데?"

아저씨는 다진 오이를 보며 흐뭇하게 웃었다. 민서도 뻐근해진 팔을 휘휘 돌리며 함께 웃었다.

"오늘 수고 많았어. 팔 많이 아플 테니까 얼른 가서 쉬어."

"아, 연습 더 하고 싶은데……."

민서가 잔뜩 아쉬워하며 말했다.

"하하하. 너 오늘 정말 연습 많이 한 거야. 동영상 찍을 때까지는 시간도 충분하고……. 너무 열심히 하려고 하면 동영상 찍기도 전에 지칠 거야. 그러니까 천천히 조금씩, 알겠지?"

아저씨는 평소처럼 말했지만 민서는 선생님이 했던 말이 떠올라 저도 모르게 깜짝 놀랐다.

"왜? 무슨 문제 있니?"

"아, 아니에요. 저 이제 그만 가 볼게요."

민서는 주섬주섬 앞치마를 풀어 옷걸이에 걸었다. 그리고 집으로 오는 내내 아저씨의 말, 그리고 선생님의 말을 곱씹어 생각해 보았다. 천천히, 조금씩, 아주 짧은 시간 동안 아주 쉽게……. 이 말들은 쉽게 잊히지 않을 것 같았다.

토요일, 늦은 아침을 먹은 뒤 민서는 승우에게 전화를 걸었다.
"야, 뭐해? 심심하면 올라와! 게임하자."
"아, 그게……."
승우 목소리가 좀 이상하게 들렸다. 기운이 없고, 목이 쉰 것 같기도 했다.
"너 목소리가 왜 그래?"
"목이 아파서 그래. 어젯밤에는 열도 났어."
"병원 안 가?"
"갔다 왔어. 그런데 약 먹으려면 밥을 먹어야 되는데, 속이 너무 울렁거려서 토할 것 같아."
"그러니까 좀 적당히 뛰지. 점심 시간마다 축구만 하니까 그러는 거 아냐."
"잔소리하려면 끊어."
"하여튼 알았어."
민서는 전화를 끊고 거실로 나갔다. 소파에 앉아 스마트폰을 보고 있는데 아빠가 물었다.

"승우랑 논다고 하지 않았어?"

"승우 지금 아파서 아무것도 못해요."

"어디가?"

"열 나고, 목 아프고, 속이 울렁거려서 아무것도 못 먹는대요."

"아이구, 저런. 그래도 뭘 먹어야 할 텐데……."

그때, 민서의 머릿속을 스쳐 가는 생각이 하나 있었다.

"아빠, 그럴 땐 죽을 먹어야 되는 거 아니에요?"

"아무래도 죽이 먹기 편하고 소화가 잘 되긴 하지."

"죽, 어떻게 만들어요?"

"만들어 보려고? 채소들을 다 다져야 해서 칼질 엄청 많이 해야 할 텐데?"

"저도 알아요. 지난번에 아저씨한테 다지는 건 배웠어요."

아빠는 잠깐 생각을 하더니 민서에게 주방으로 오라고 손짓을 했다. 민서는 아빠를 따라 주방으로 가, 손을 씻고 앞치마를 입었다. 아빠는 냉장고에서 호박, 당근, 양파, 고기를 꺼냈다.

"일단, 쌀부터 씻어서 불려 놓자."

아빠는 쌀을 한 컵 씻어서 한쪽 구석에 놓았다. 그리고는 도마를 꺼내 호박과 양파를 올려놓았다. 민서는 아저씨에게 배운 대로 호박과 양파를 잘게 다졌다. 아빠도 옆에서 당근과 고기를 다졌다. 채소를 모두 다지고 나서는 쌀이 더 불도록 조금 더 기다렸다.

"자, 민서야, 지금부터 잘 봐."

아빠는 고기를 냄비에 넣고 볶은 후, 물기를 뺀 쌀을 냄비에 넣었다. 그러고는 참기름을 한 바퀴 두르고 볶음 주걱으로 휘휘 저었다.

"이제 네가 해 봐. 쌀알이 투명해질 때까지 볶는데, 골고루 잘 젓지 않으면 쌀이 바닥에 붙어서 타 버리니까 조심해."

아빠가 주걱을 민서에게 건넸다. 민서는 한 손으로 냄비 손잡이를 잡은 채 열심히 저었다. 얼마나 저었을까? 쌀알이 투명하게 바뀐 것을 본 민서는 다급히 아빠를 불렀다. 텔레비전을 보던 아빠가 얼른 주방으로 들어와 손을 씻고 냄비에 물을 부었다.

"자, 이제 또 쌀이 무르게 익을 때까지 저어."

아빠는 다시 거실로 갔고, 민서는 그 자리에 서서 또 쌀이 익을 때까지 열심히 저어야 했다. 한참을 젓다 보니 쌀이 밥알처럼 통통하게 부풀어 올랐다.

"아빠, 이제 된 것 같은데요?"

아빠는 냄비 안을 한 번 보더니 다져 놓은 채소들을 넣으며 민서에게 물었다.

"죽이 어떻게 생겼는지는 먹어 봐서 알지?"

"네."

"그럼 이제는 네가 먹어 봤던 그 죽이 될 때까지 저어."

'젓는다'는 말에 민서는 눈을 질끈 감으며 오만상을 찌푸렸다.

"죽이 얼마나 정성이 많이 들어가는 음식인 줄 알아? 네가 하겠다고 했으니까 끝까지 책임져야지."

아빠는 다시 텔레비전 앞으로 갔고, 민서는 계속 볶음 주걱으로 죽을 저었다. 한참을 그러고 있으니 마치 죽 젓는 로봇이 된 것 같았다.

"아빠, 이제는 팔이 막 자동으로 움직여요!"

민서가 아빠에게 소리쳤다.

"그래? 이제 좀 있으면 완성될 거야. 끝까지 최선을 다해 저어."

팔과 어깨, 다리가 전부 뼈근해지고 나서야 마침내 죽이 완성되었다. 민서는 죽을 그릇에 담아 소중히 끌어안고 아래층으로 내려갔다.

"민서, 오랜만이네."

승우네 아빠가 현관문을 열어 주며 환하게 웃었다.

"안녕하세요? 승우는요?"

승우 아빠는 손으로 소파를 가리켰다. 승우가 꼬질꼬질한 모습으로 소파 위에 쭈그리고 있었다. 민서는 고개를 절레절레 저으며 식탁 위에 죽 그릇을 내려놓았다.

"너 속 울렁거린다고 해서 내가 죽 끓여 왔는데……."

승우네 엄마 아빠가 깜짝 놀라며 식탁으로 다가왔다.

"이걸 네가 했다고?"

"네."

"세상에, 죽 끓이는 게 얼마나 힘든데……."

"헤헤, 네. 진짜 팔 아파서 혼났어요."

민서가 팔을 흔들며 말했다.

"승우야, 너 이거 먹으면 아픈 거 다 낫겠다. 아니, 죽을 끓여 오는 친구가 어디 있어? 승우 넌 진짜 복 받은 거야."

승우네 아빠가 감격했다는 듯이 민서 머리를 쓰다듬으며 말했다.

"설마 오이만 들어간 건 아니겠지?"

승우가 주섬주섬 일어서서 식탁으로 걸어왔다.

"죽에는 오이 안 들어가. 걱정 말고 먹어."

민서가 웃으며 대꾸했다.

"야, 맛있다! 엄마, 이거 엄청 맛있어요!"

죽을 한 숟가락 떠먹은 승우가 눈을 동그랗게 뜨고 민서와 엄마, 아빠를 바라보았다.

"민서 정말 대단하다!"

승우네 엄마가 엄지손가락을 치켜 올렸다. 민서는 뿌듯한 마음에 웃음을 감출 수가 없었다.

 습관 만들기 7

습관에는 환경이 중요해!

- 습관을 만들기 위해서는 잊지 않고 꾸준히 실천하기 쉽도록 눈에 잘 보이는 환경을 만들어야 하는데요. 이를 '환경 디자인'이라고 합니다.
- 예를 들어 수학 문제집을 푸는 습관을 갖기 위해서는 어떤 환경을 만들면 좋을까요? 아마도 다음과 같을 것입니다.
  - 간식을 먹는 식탁 옆에 수학 문제집을 놓는다.
  - 냉장고 앞이나 방 문, 책상 앞에 '간식 후엔 수학 문제집 펴기'라고 써 붙인다.

📌 여러분이 갖고 싶은 습관에 도움이 되는 환경들을 적어 봅시다.

갖고 싶은 습관	환경 디자인 1	환경 디자인 2
매일 책 읽기	화장실에 책을 둔다.	읽고 싶은 책 목록을 만든다.

 # 여름 방학, 요리는 즐거워

"자, 내일이면 여러분들이 기다리고 기다리던 여름 방학이죠? 기분이 어때요?"

선생님의 질문에 아이들이 환호성을 질렀다.

"그래, 기분이 끝내주게 좋겠지. 이번 방학에는 뭘 하면서들 보낼 생각이야?"

아이들은 저마다 "게임 잔뜩 할 거예요!", "바다에 놀러 갈 거예요!" 하면서 재잘재잘 대답을 쏟아 냈다.

"아, 하고 싶은 일들이 정말 많구나. 그런데 내가 꼭 당부하고 싶은 말이 있어요."

선생님은 아이들을 한번 둘러본 뒤에 말을 이어 갔다.

"첫 번째는 건강하기, 두 번째는 하고 싶은 일 하기, 그리고 세 번째는 자기 방 정리하기."

"방 정리요?"

아이들은 깜짝 놀란 듯이 한 소리로 외쳤다.

"응, 방 정리. 방학 동안 방 정리를 했으면 하는 이유는······."

선생님이 교실 뒤의 책꽂이를 가리켰다. 아이들의 눈길이 한꺼번에 책꽂이로 쏠렸다.

"책꽂이가 저기 있으니까 어땠어? 전보다 더 책을 많이 읽게 되지 않았어?"

아이들 사이에서 "아, 맞아!", "맞아요!" 하는 말들이 섞여 나왔다.

"만일 저 책꽂이가 잘 보이지 않는 곳이나 손에 닿지 않는 곳에 있었다면 어땠을까?"

"지금보다 책을 잘 안 읽었을 것 같아요."

"그렇지? 내가 방 정리를 했으면 좋겠다고 하는 이유가 바로 그것 때문이야. 눈에 잘 보이는 곳, 손에 잘 닿는 곳에 있는 것들은 접근하기가 훨씬 쉬워지거든. 여러분이 만들고 싶은 습관이 있을 때, 거기에 도움 되는 것들이 눈에 잘 보이고, 손에 잘 닿는 곳에 있다면 시작하기가 훨씬 쉬워지겠지?"

"맞아. 나도 줄넘기를 현관 앞에 뒀어."

하영이가 혼잣말이라기에는 조금 크게 말하며 고개를 끄덕였다.

"어때? 이번 방학에 방 정리를 해 볼 마음이 들어?"

"네!" 하며 큰 소리로 대답하는 아이들도 있고, 조용히 듣고만 있는 아이들도 있었다. 그런 모습을 보니 민서 누나가 했던 얘기가 생각났다. 선생님이 말씀하시는 걸 잘 따랐던 친구들과 그렇지 않았던 친구들……. 민서는 혼자서 고개를 끄덕였다.

"자, 그럼 방학 즐겁게 보내고 개학 날 웃으면서 만납시다!"

아이들은 환호성을 지르며 가방을 들고 일어섰다. 민서와 승우도 벌떡 일어나 교실을 나왔다.

다음 날 아침, 늦게 잠에서 깬 민서는 혼자 밥을 차려 먹고서는 소파에 기대 앉아 요리 동영상을 찾고 있었다. 모든 행동을 느릿느릿 하고 있으니 방학이라는 게 실감이 났다. 동영상 하나를 찾아 플레이 버튼을 누르려고 할 때, 승우에게서 전화가 걸려 왔다.

"얼른 내려와 봐."

"지금? 왜? 나 세수도 안 했는데?"

"우리 사이에 세수는 무슨! 그냥 양치질만 하고 빨리 와 봐. 네가 꼭 와야 할 일이 있어."

"아으, 정말……. 알았어."

민서는 급히 양치질을 하고 승우네 집으로 갔다.

"민서 왔니?"

민서를 반갑게 맞아 주던 승우네 엄마가 승우 방을 가리키며 물었다.

"도대체 쟤 왜 저러는 거니?"

민서는 고개를 갸웃거리며 승우 방에 들어갔다. 승우 방은 말 그대로 폭탄 맞은 전쟁터 같았다. 바닥에는 온갖 책이 흐트러져 있고, 침대 위엔 옷가지들이 수북히 쌓여 있었다. 책상과 옷장은 텅텅 비어 있고, 문 앞에는 커다란 비닐봉지가 서너 장 놓여 있었다.

"어, 왔어? 너는 거기 있다가 내가 뭔가를 던지면 그 봉지 안에 넣어 주면 돼."

"야, 너 지금 뭐하는 거야?"

"보면 몰라? 방 정리하잖아."

"그걸 하필 방학 첫날 아침부터?"

"그게 왜? 자꾸 말 시키지 마. 더워 죽겠어."

승우는 작정이라도 한 듯 빠른 손놀림으로 책들을 뒤지더니 한 권씩 민서에게 던졌다. 민서는 승우가 시킨 대로 책을 받아 봉지에 넣었다. 주로 작년에 썼던 학원 교재나 교과서 같은 것들이었다.

책 정리가 끝나자 이번에는 옷가지가 날아왔다. 작아져서 못 입는 옷들이었다. 그렇게 한참 버릴 것들을 정리하던 승우는 벌떡 일어나 청소기와 물걸레를 가지고 왔다. 그리고 웃으며 민서 손에 물걸레를 쥐어 주었다.

"이제 내가 청소기로 먼지를 빨아들이면 너는 그 자리를 물걸레로 닦으면 돼."

"내가? 왜?"

민서가 인상을 찌푸리며 물었다. 승우는 또 해맑게 웃으며 말했다.

"어우, 걱정 마. 다음에 네 방 정리할 땐 내가 가서 도와줄게."

"야, 난 정리할 생각이 없어."

"에이, 이제 이것만 하면 끝이야. 조금만 더 힘내자!"

승우는 주먹을 불끈 쥐어 보이더니 청소기 버튼을 눌렀다. 민서도 하는 수 없이 청소기가 지나간 자리를 물걸레로 닦아 나갔다.

우여곡절 끝에 승우의 방 정리가 끝났다. 쓸모없는 책들이 다 빠져나가니 책장의 절반이 텅 비었다. 승우는 흐뭇하게 웃으며 축구공들을 닦아 책장에 넣었다.

"야, 너 왜 갑자기 청소야? 그것도 방학 첫날부터."

"그냥. 솔직히 너무 지저분했잖아. 선생님도 방학 때 방 정리하라고 하셨고……."

"네가 선생님 말씀을 그렇게 잘 들었어?"

"당연하지. 지금까지 안 들은 거 하나도 없는데? 내 습관이 뭔지도 알아봤고, 원래 하던 일 사이에 요가를 끼워 넣어서 새로운 습관으로

만들었고, 오늘은 방 정리도 했고. 이제 건강하고 내가 하고 싶었던 축구만 열심히 하면 돼."

민서는 할 말이 없었다. 뭔가 허술하긴 한데, 듣다 보면 틀린 말은 아니었다.

"아우, 정말 기분 좋다. 넌 언제 청소할 거야?"

승우가 침대에 벌렁 누우며 물었다.

"안 할 거야."

"왜? 너도 해. 내가 도와줄게."

"아우, 더워, 싫어."

민서는 손사래를 쳤다.

승우 엄마가 청소도 하고 기특하다며 사 주는 피자를 먹고 집으로 온 민서는 제 방에 들어오자 한숨이 절로 나왔다. 정말이지 청소가 필요해 보이긴 했다. 물건들은 어디에 있는지 찾을 수도 없이 어질러져 있는데, 구석구석 뽀얗게 쌓인 먼지가 오늘따라 눈에 쏙쏙 들어왔다. 그렇지만 지금은 청소가 문제가 아니었다. 오늘부터 본격적으로 요리 대회를 준비하기로 했고, 당분간은 대회에만 집중하고 싶었다.

토요일 오전, 민서는 아빠와 함께 아저씨네 식당으로 향했다. 오늘은 동영상을 찍기로 한 날이었다. 동영상을 찍어 주기로 한 아빠는 이날을 위해 영상 편집을 공부했다며 민서보다 더 들떠 보였다.

식당으로 들어서니 아저씨는 주방에서 바쁘게 준비를 하고 있었다. 민서는 얼른 주방으로 가서 손을 씻고 모든 복장을 착용했다.

"연습 많이 했어?"

아저씨가 민서에게 물었다.

"네. 가지 써는 거랑 굽는 것, 그리고 채소 다지는 건 어제 저녁에도 연습했어요."

"하하. 그럼 오늘 잘할 수 있겠다. 파이팅!"

아저씨가 주먹을 불끈 쥐어 보였다. 민서도 따라서 팔을 쭉 뻗으며 주먹을 쥐었다.

오늘 만들기로 한 요리는 가지 파스타와 버섯탕수였다. 그중에서 민서는 가지를 썰고, 굽고, 탕수 소스 만드는 일을 맡았다.

"자, 다 됐다! 이제 시작해도 되겠어."

카메라 준비를 마친 아빠가 민서와 아저씨를 향해 말했다. 민서와 아저씨는 모든 도구와 재료 준비를 마치고 조리대 앞에 섰다.

"자, 그럼 시작한다. 큐!"

아빠는 마치 촬영장의 감독처럼 사인을 보냈다. 민서는 침착하게 가지를 도마로 가져와 동그랗게 썰기 시작했고, 아저씨는 스파게티 면을 삶기 위해 물부터 끓였다. 가지 썰기를 끝낸 민서는 프라이팬에 가지를

펼쳐 굽기 시작했다. 그리고 잠시 후, 양면이 노릇하게 구워진 가지를 아저씨에게 건넸다.

이제 탕수 소스를 만들 차례였다. 민서는 양파와 당근, 파프리카를 썰기 시작했다. 원래 탕수 소스에는 채소를 한입 크기로 썰어서 넣지만, 아이들이 빼놓고 먹는 일이 많으니 잘게 다져서 넣기로 했다.

민서가 재료들을 다지는 동안 아저씨는 파스타를 오븐에 넣고, 버섯에 전분 물을 입혀 튀겼다. 채소를 모두 다진 민서는 냄비에 물을 붓고, 아저씨가 미리 계량해서 양념통에 담아 놓은 간장, 설탕, 레몬즙을 넣어 끓였다. 보글보글 끓어오른 냄비에 다진 채소들을 넣고, 전분 물을 풀어 걸쭉하게 만든 후 소스를 완성했다. 아저씨는 오븐에서 가지 파스타를 꺼내고, 튀긴 버섯 위에 민서가 만든 소스를 부었다.

"자, 이제 요리는 모두 완성이 되었습니다!"

아빠가 재빨리 다가와 가지 파스타와 버섯탕수를 가까이에서 여러 각도로 촬영했다.

"후아, 이제 다 끝났네. 손발이 아주 척척 맞는데?"

아빠가 엄지손가락을 치켜올리며 말했다.

아빠와 아저씨, 민서는 만든 음식을 먹기 위해 탁자에 앉았다.

"민서 너는 칼질이 며칠 전보다 더 빨라졌던데? 연습 많이 했나 봐?"

아저씨가 탕수 소스의 채소를 가리

키며 민서에게 물었다.

"이제는 저녁 먹고 나서 칼질 연습하는 게 습관이 됐나 봐. 그거 안 하면 손이 근질근질한 것 같더라고……."

민서 대신 아빠가 대답했다.

"하하하, 너 나중에 크면 아저씨 가게에 와서 아르바이트 해라. 난 그런 좋은 습관을 가지고 있는 일꾼이 꼭 필요하거든."

아저씨가 민서의 머리를 쓰다듬으며 말했다. 민서는 버섯탕수 하나를 입에 넣은 채 고개를 크게 끄덕였다.

"동영상 편집이야 이틀이면 될 테고, 다음 주 월요일쯤 보내 줄게."

아빠가 아저씨에게 말했다.

"천천히 해. 목요일까지만 접수하면 돼. 결과는 일주일 뒤 나온다고 하니까 내가 확인하는 대로 알려줄게."

"이렇게 열심히 했는데, 꼭 결승에 나갔으면 좋겠네."

아빠가 아저씨와 민서를 번갈아 보며 말했다.

"잘될 거야. 그렇지?"

'아, 오늘이 목요일이지?'

늦게 잠에서 깨어난 민서는 눈을 뜨자마자 스마트폰을 켜서 요일을 확인했다. 오늘은 동영상을 접수한 지 딱 일주일이 되는 날이었다.

결과 발표를 앞두고 있어서인지 밥을 먹다가도, 학원에서 수업을 하다가도, 하루 종일 문득문득 마음이 쿵쾅댔다. 그럴 때마다 민서는 가슴을 쓸어내리며 마음속으로 되뇌었다.

'하아, 떨어져도 실망하지 말아야지. 절대 실망하지 않을 거야.'

학원 수업까지 마치고 집으로 돌아온 민서는 현관문을 열다 깜짝 놀라 걸음을 멈추었다. 엄마와 아빠가 현관문 앞에 나란히 서 있었기 때문이다.

"으응? 무슨 일 있어요? 왜 이러세요?"

민서가 신발을 벗으며 엄마 아빠를 바라보았다. 두 사람은 말없이 웃기만 했다. 민서는 뭔가 눈치를 채고 눈을 동그랗게 떴다.

"혹시 예선 통과됐어요?"

엄마와 아빠는 고개를 세게 끄덕였다.

"우와! 진짜요? 우와! 대박!"

민서는 두 팔을 휘두르며 펄쩍펄쩍 뛰었다.

"축하해! 진짜 잘됐다."

엄마는 웃으며 박수를 쳤다.

"백 팀이 넘게 지원했는데, 그중 열다섯 팀 안에 든 거야."

아빠도 흐뭇하게 웃으며 말했다.

"그럼 이제 대회까지 얼마나 남은 거예요?"

"두 달! 한참 남았지."

"그동안 진짜 열심히 연습해야겠어요. 이제 자유 시간은 몽땅 칼질 연습만 할 거예요."

민서는 식탁에 앉으며 말했다.

"후우, 그럼 아빠는 오이를 얼마나 사다 놔야 되려나?"

아빠가 밥상을 차리며 말했다.

"그러게. 이젠 좀 색다른 걸 썰어 보면 안 될까? 오이는 정말 너무 많이 먹었어."

수저를 놓던 엄마도 말했다.

"아직은 안 돼요. 눈 감고도 탁탁 썰 정도가 돼야 한다니까요."

"하여튼, 요리하는 게 저렇게 좋을까?"

잔뜩 들떠 있는 민서를 보며 엄마가 빙그레 웃었다.

 나쁜 습관 없애기 1

나쁜 습관 찾는 방법

- 먼저, 여러분이 '습관 만들기 3'에서 만들어 보았던 습관 목록을 살펴봅시다. 그중에서 바꾸고 싶은 것이 있나요? 또는 지금 현재, 여러분이 바꾸고 싶은 나쁜 습관이 있나요?

📌 아래와 같이 되고 싶은 모습과 고치고 싶은 습관을 적어 봅시다.

나는 자제력이 강한 사람이다	1. 밤에 야식을 먹지 않는다. 2. 숙제를 미루지 않고 다 해 간다. 3. 스마트폰을 집에서 사용하지 않는다.
만들고 싶은 습관	스마트폰을 집에서 사용하지 않는다.
이유	시간이 많이 남을 것이고, 나 스스로가 뿌듯할 것 같다.

 # 파프리카는 먹기 싫어

오후 2시, 쨍쨍한 햇빛이 머리 위로 내리꽂히는 것처럼 뜨거운 날씨였다. 민서는 서둘러 식당으로 향했다. 아저씨는 에어컨을 켜 놓고 민서를 기다리고 있었다. 민서는 주방 입구에서 손을 씻고, 복장을 착용한 뒤 아저씨 옆으로 가서 섰다. 아저씨는 파프리카와 양파를 하나씩 건네주었다.

"오늘부터는 네가 간단한 요리를 하나씩 만들어 볼 거야. 재료 손질하는 것부터 접시에 담는 것까지. 그 과정을 다 알고 있어야 내가 말로 설명해도 네가 만들 수 있을 것 아니야, 그렇지?"

"네."

"자, 그럼 먼저 양파는 껍질을 벗기고 깨끗하게 씻어. 파프리카는 아래와 위를 잘라내고 가운데 씨 부분을 정리한 다음 씻어야 해. 일단 여기까지 해 보자."

민서는 아저씨의 설명을 생각하며 양파와 파프리카를 손질했다.

"다 했어요."

"좋아, 잘했어. 그럼 이제 두께를 1센티미터 정도로 해서 썰어 봐. 둘 다 링 모양이 되도록. 둥글둥글하고 미끌미끌해서 잘 썰리지 않을 수도 있어. 손 다치지 않게 정말 조심해야 된다."

"네."

민서는 양파와 파프리카를 썰었다. 아저씨의 말대로 썰어 놓으니 양파는 동그란 링 모양이 되었고, 파프리카는 꽃 모양이 되었다.

"자, 이제는 프라이팬을 가져와서 기름을 둘러. 기름이 어느 정도 따뜻해지면 파프리카를 팬에 올려놓고 달걀을 깨뜨려서 그 안에 넣는 거야. 조심하지 않으면 달걀이 파프리카 바깥쪽으로 빠져나올 수 있어. 달걀을 깨뜨려 넣으면 재빨리 뒤집개로 파프리카를 꾹 눌러 줘야 해. 여기까지 해 보자."

잠시 후, 프라이팬이 충분히 달구어졌다는 생각이 들자 민서는 파프리카를 얼른 팬 위에 올렸다. 달걀을 깨서 파프리카 안으로 넣기도 했다. 이제 아저씨가 말한 대로 얼른 파프리카를 눌러 줘야 하는데, 어쩐 일인지 뒤집개가 보이지 않았다. 민서가 허둥대며 뒤집개를 찾는 동안 달걀은 제멋대로 파프리카 밖으로 삐져나와 버렸고, 프라이팬에서는

정체를 알 수 없는 요리가 만들어지고 있었다.

"흠, 뭐가 문제였는지 알겠어?"

민서가 요리하는 모습을 지켜보고 있던 아저씨가 물었다.

"뒤집개가 없어서……."

"맞아. 그래서 요리를 하기 전에 먼저, 필요한 재료와 물건을 사용하기 쉽게 배치해 두는 게 중요한 거야."

민서는 고개를 끄덕였다.

"그것도 습관을 들여야겠지?"

"네."

"그럼 얼른 뒤집개 찾아서 다시 해 보자."

민서는 조리대 아래 수납장 문을 열어 뒤집개를 꺼내고, 처음부터 다시 시작했다. 다행히도 이번에는 달걀이 파프리카 안쪽에서 예쁘게 익어 갔다. 달걀이 어느 정도 익자 아저씨가 말했다.

"자, 이제 뒤집개를 떼고 소금을 이만큼만 뿌려서 넣어."

아저씨는 엄지와 검지를 딱 붙여서 보여 주었다.

"이제부터 내가 '소금 한 꼬집'이라고 하면 이만큼이니까 기억해."

"네."

민서는 소금통을 가지고 와서 소금을 딱 한 꼬집 집어 달걀 위에 뿌렸다.

"자, 이제 뒤집개를 아래쪽에 넣어서, 흐트러지지 않게 잘 들어서 접시 위에 올려놓는 거야."

민서는 조심스럽게 달걀이 들어 있는 파프리카를 들어서 천천히 접시 위로 올려놓았다.

"잘했어. 타지도 않았고, 모양도 예뻐. 이제 양파로도 해 볼까?"

"네."

민서는 비장한 표정으로 고개를 끄덕였다. 다시 프라이팬을 달궈 기름을 두른 후, 양파를 올렸다. 어떻게 해야 하는지 알고 나니 손놀림도 훨씬 빨라졌다.

"다 됐으니까 이제 먹어 보자."

아저씨의 말에 민서는 접시를 바라보며 머뭇거렸다. 사실 민서는 가지나 나물보다 파프리카를 훨씬 싫어했다. 게다가 치즈로 덮여 있거나 잘게 다진 것도 아닌, 모양이 다 드러난 파프리카는 먹으려고 시도해 본 적도 없었다.

"왜? 맛이 없어 보여?"

민서는 차마 대답을 하지 못했다.

"그럼 딱 한 입만 먹어 보자. 한 번에 몽땅 먹는 건 힘들어도 한 입 정도는 괜찮지 않겠어?"

아저씨가 양식용 나이프로 달걀 프라이를 피자처럼 조각냈다. 그때, 민서 머릿속에 누나가 해 준 얘기가 떠올랐다. 모든 메뉴를 딱 한 숟가락, 한 젓가락만 더 먹다가 치킨까지 먹게 되었다는 친구……. 민서는 눈을 딱 감고 아저씨가 잘라 놓은 파프리카 달걀 프라이 한 조각을 입에 넣었다. 그리고 천천히 씹어 보았다. 아, 역시 쉽게 적응되는 맛은 아니었다.

"맛이 어때?"

아저씨가 민서를 유심히 보면서 물었다.

"솔직히, 맛있지는 않아요. 이런 맹맹한 맛은 별로라서……."

"흠, 역시 다지는 게 답인가?"

민서는 고개를 크게 끄덕였다.

"모양은 정말 예쁜데, 다지는 게 훨씬 좋을 것 같아요. 모양도 다 보이고, 맛도 너무 강하게 느껴져요."

"좋아. 그 의견을 받아들여서 다음에는 다른 요리로 해 보자. 오늘은 여기까지!"

문 밖을 보니, 아직 해가 환하게 떠 있었다.

"오늘도 이게 끝이에요?"

"너 오늘 굉장히 많은 걸 했어. 재료 다듬고 씻었고, 칼질도 했고, 요리도 했고, 실수도 했고, 맛도 봤잖아."

"그렇긴 한데……."

"내가 전에 말했지? 천천히 조금씩!"

아저씨가 싱긋 웃으며 말했다. 민서는 뭔가 허전한 느낌이 들었지만, 식당 문을 나서야 했다.

"민서야, 청소하자!"

다음 날 승우의 전화에 시계를 보니 아침 10시였다. 민서는 그제야 부스스 잠에서 깨어 세수를 했다. 정확히 15분 후 승우가 들이닥쳤다.

"뭐야? 이제 일어난 거야? 난 벌써 일어나서 운동도 하고 밥도 먹었는데?"

"방학이잖아."

"학교 다닐 땐 네가 훨씬 더 빨리 일어나더니 이젠 바뀌었네? 얼른 정신 차리고 책상이랑 옷장에 있는 것들 다 끄집어내자."

승우는 민서의 방으로 들어가 책꽂이에 있던 책들을 모두 빼냈다. 민서도 옷장을 열어 안에 있던 옷들을 꺼냈다.

"자, 이제 버릴 것들을 던져 줘."

승우가 쌓여 있는 물건들 위를 건너뛰어 문 앞으로 나가더니 말했다. 민서는 지난 교재들이나 참고서들을 승우에게 던졌다. 승우는 던지는 대로 받아 내며 한 권 한 권 능숙하게 쌓아 올렸다. 그렇게 필요한 책만 남긴 다음에는 옷 정리를 시작했다. 지난번 승우가 그랬던 것처럼 민서도 작아진 옷들을 하나씩 승우에게 던졌다. 민서는 버리고 남은 책과 옷을 모두 정리하고 청소기와 걸레를 사용해 청소를 마무리했다.

"어휴, 이제 다 끝났네. 그런데 넌 뭐 세팅할 거 없어? 내 축구공처럼?"

승우가 쓰레기봉투를 묶으며 물었다. 민서는 책꽂이에서 습관 공책을 펼쳐놓았다.

"난 이것 말고는 없어. 뭐, 제대로 하려면 주방도 정리해야 하는데, 같이 할래?"

"야, 그건 좀……. 맛있는 거나 먹으러 가자. 벌써 12시야."

민서와 승우는 쓰레기를 버리고 분식점에 들러 떡볶이와 어묵, 튀김 등을 잔뜩 사 먹었다.

집에 온 민서는 말끔해진 방 안을 둘러보았다. 그러고는 의자를 빼서 책상 앞에 앉았다. 오랜만에 깨끗한 책상에 앉으니 기분이 좋기는 했다. 민서는 아까 책상 위에 올려놓았던 습관 공책 앞에 다시 앉았다. 그러고는 '만들고 싶은 습관'이라는 제목이 붙은 페이지를 펼쳤다. 여기에는 '4. 학원에 다녀오면 학원 숙제부터 한다'가 마지막으로 적혀 있었다.

 민서는 잠깐 생각하다가 5라는 숫자를 적었다. 그러고는 '음식 만들기 전에 재료와 도구를 쓰기 좋게 배치하기', 6번으로는 '방에 있는 물건들 쓰고 난 뒤, 바로 제자리에 놓기'라고 썼다.

 그런 후 민서는 노트를 펼쳐서 책상에 두었다. 별로 크지도 않은 방이니 이제 문만 열면 이 공책이 보일 테고, 그러면 습관 만들기가 훨씬 쉬워질 것 같았다.

 나쁜 습관 없애기 2

나쁜 습관 버리기 기술

- 나쁜 습관을 버리려면 우선 잘 보이지 않게 해야 합니다. 그래야 습관의 빈도 수가 줄어듭니다.

- 또 다른 방법으로 '하기 어렵게 만들기'가 있습니다. 스마트폰 게임을 하고 싶지 않다면 집에 오면서 스마트폰 전원을 끄거나, 회원을 탈퇴해 보세요. 무슨 일이든, 하기 힘들어지면 그만큼 그만두기 쉬워집니다.

📌 버리고 싶은 습관이 있다면 그것이 눈에 잘 보이지 않도록 하는 것부터 시작하세요. 이제부터 아래 작업을 함께해 봅시다.

버리고 싶은 습관	환경 디자인 1	환경 디자인 2
집에서 스마트폰을 사용하는 습관	공부할 때는 방 밖에 둔다.	집에 오면 전원을 끈다.
컴퓨터 게임을 하는 습관	숙제가 끝나면 모니터 전원 코드를 뽑는다.	회원 가입을 탈퇴한다.

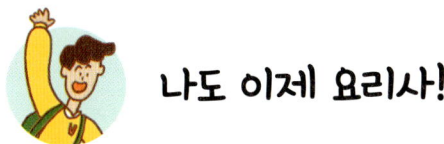# 나도 이제 요리사!

어느새 짧은 여름 방학이 끝나고 개학 날이 되었다. 오랜만에 만난 아이들은 떠들썩하게 인사를 나누며 반가워했다. 이때도 특히나 모두의 시선을 끈 건 승우였다.

"승우야! 너 얼굴이 너무 까매졌어."

"우와, 딴 사람 같아. 완전히 새까매."

승우를 보는 아이들은 누구라고 할 것 없이 모두 한마디씩 했다. 민서는 승우의 얼굴을 자세히 살펴보았다. 방학 동안에도 거의 매일 만난 탓에 눈치를 못 챘지만, 아이들의 이야기를 듣고 보니 승우 얼굴이 꽤 많이 그을려 있었다.

"얘들아, 안녕! 방학은 잘 보냈어?"

선생님이 교실로 들어오며 큰 소리로 인사를 건넸다.

"네!"

아이들은 약속이라도 한 듯, 한 목소리로 외쳤다.

"방학 전에 내가 당부했던 것들은 모두 잘 했나요?"

민서와 승우는 당당하게 "네!"라고 대답했다. 건강하고, 하고 싶은 일도 마음껏 하고, 방 청소까지 했으니 분명 선생님의 당부를 잘 실천한 것이었다.

"방학 잘 지내고 이렇게 다시 만나니까 너무 반갑다. 여러분도 반갑죠?"

"네!"

"그럼 오늘은 방학 동안 어떤 일을 하며 지냈는지 한 명씩 나와서 이야기해 볼까?"

"와아!"

아이들은 책상을 두드리며 환호성을 질렀다.

"자, 그럼 맨 앞에 앉은 친구들부터 차례대로 나와서 이야기를 해 보자. 대신 알지? 시간이 남으면……."

"알아요!"

선생님의 말이 끝나기도 전에 아이들이 소리를 질렀다.

"좋아. 그럼 지금부터 바로 시작!"

맨 앞자리에 앉은 성빈이부터 시작했다. 아이들의 이야기는 다양했다. 부모님과 함께 해외여행을 다녀온 친구도 있고, 시골 할머니 댁에서 지내다 온 아이도 있었다. 승우는 방학 내내 요가와 축구를 얼마나 열심히 했는지에 대해 길고 긴 이야기를 펼쳐 놓았다.

차례가 되자 민서는 앞으로 나가 요리 대회 예선을 통과한 이야기, 결승에 나가기 위해 열심히 연습하고 있다는 이야기를 했다. 아이들은 꼭 상을 받으라며 크게 박수를 쳐 주었다.

10월 첫날이 되었다. 예선을 통과하고 나서 지금까지 민서는 아저씨와 함께 열 가지도 넘는 요리를 해 보았다. 그중 두 가지 요리를 골라 2주 후 열릴 결승에서 만들어야 했다. 민서와 아저씨는 그동안 만들었던 요리를 정리해 둔 노트북 화면을 보며 한참 동안 이야기를 나누었다. 대회의 성격에 맞고, 정해진 시간 안에 완성할 수 있어야 하며, 차림새도 예쁘고 맛도 있는 요리를 정하려다 보니 의논이 점점 길어졌다. 오랫동안 이야기를 나눈 끝에 민서와 아저씨는 버섯크림 소스를 곁들인 햄버그스테이크와, 잘게 다진 채소들이 들어가는 프리타타를 만들기로 결정했다.

"요리들을 보니 뭔가 느껴지는 것 없어?"

아저씨의 질문에 민서는 오래 생각할 것도 없이 바로 대답했다.

"칼을 엄청 많이 써야 할 것 같아요. 재료들을 다 다져야 해서……."

"그렇지. 정확하게 알고 있네. 그럼 오늘은 시간을 맞춰 놓고 한번 연습해 보자."

아저씨가 자리에서 일어섰다. 민서도 따라 일어서 주방으로 들어갔다. 복장을 모두 갖추고 조리대에 선 민서에게 아저씨가 말했다.

"들어가는 채소 양이 워낙 많아서 너 혼자 모두 다질 수는 없어. 당근이랑 버섯은 내가 다지고 양파랑 애호박, 시금치는 네가 하기로 하자. 햄버그스테이크는 내가 하고, 프리타타는 네가 할 거니까 재료랑 도구들을 미리 준비하도록 해."

민서는 칼과 도마, 채소를 담을 그릇, 버터와 달걀, 소금, 후추 등을 조리대 한쪽에 사용하기 편하게 배치했다. 아저씨도 옆에서 재료들과 도구들을 준비했다.

"다지는 순서는 애호박, 시금치, 양파야. 잊지 마."

"꼭 그 순서대로 해야 돼요?"

"칼질을 하게 되면 재료 특유의 맛과 향이 칼과 도마에 남게 되잖아. 그러니까 맛과 향이 강하지 않은 재료부터 먼저 손질을 하는 거지. 재료가 바뀔 때마다 칼이며 도마를 씻어 줘야 하고 음식에 들어가면 어차피 섞일 거라 해도, 이렇게 습관을 들이는 게 좋아. 재료의 맛과 향이 섞인 채로 조리되면 그만큼 전체적인 맛도 떨어지거든."

아저씨는 애호박과 시금치, 양파를 순서대로 놓아 주며 말했다.

"자, 그럼 이제 시작이다."

아저씨가 타이머 버튼을 누르자마자 민서는 신중하게 칼질을 시작했다. 단단해서 썰기 힘든 당근과 다루기 까다로운 버섯을 아저씨가 맡아 주는 바람에 생각보다 손쉽게 마무리할 수 있었다. 햄버그스테이크에 들어갈 채소들을 아저씨에게 건네고 난 후에는 온전히 프리타타에만 매달렸다. 버터에 다진 채소를 볶고, 소금과 후추로 간을 맞춰 풀어 놓은 달걀을 넣고, 피자치즈와 파슬리 가루까지 뿌려 뚜껑을 덮을 때, 타이머에서 소리가 들려왔다. 옆을 보니 아저씨는 이미 햄버그스테이크에 소스를 붓고 있었다.

"하아, 시간이 약간 부족하네. 칼질하는 데 좀 오래 걸리지?"

아저씨는 턱에 손을 괸 채 민서에게 물었다.

"연습 많이 할게요."

말을 마친 민서가 입술을 꾹 깨물었다.

"흠, 그래도 시간에 거의 맞췄어. 조금만 더 빨리 하면 되겠어."

아저씨는 민서의 어깨를 두드렸다.

두 사람은 주방을 나와 탁자에 앉아 방금 만든 음식을 먹어 보았다.

"민서야, 프리타타가 좀 짠 것 같지 않아? 소금을 얼마나 넣었어?"

"지난번에 제일 작은 스푼으로 한 스푼 넣으면 된다고 하셔서, 딱 그만큼 넣었어요."

"혹시 스푼 위로 소금이 수북하게 올라올 만큼 떠서 넣었니?"

민서는 대답을 하지 못하고 머뭇거렸다. 사실, 시간에 쫓겨 서둘러 넣다 보니 스푼 위로 소금이 수북했는지 아닌지 생각이 나지 않았다.

"계량은 항상 정확해야 해. 소금이나 설탕을 계량스푼에 담아 양을 잴 때는 위쪽을 깎아서 평평하게 맞추는 게 좋지."

"네! 내일부터는 꼭 그렇게 할게요."

지금까지 많은 요리들을 해 봤고, 꽤 잘해 왔다고 생각했는데 본격적인 대회 준비를 하다 보니 부족한 점이 많은 것 같았다.

그날, 집에 온 민서는 책상에 앉아 습관 공책을 펼쳤다. 그리고 만들고 싶은 습관에 '재료 계량 정확하게 하기'를 새로 적어 넣었다.

"민서야, 나 심심해! 나랑 놀자."

토요일, 아침부터 승우에게서 전화가 왔다. 민서는 곧 식당에 가야 해서 한창 준비를 하고 있었다.

"아우, 말도 안 되는 소리 좀 하지 마. 다음 주 일요일이 대회라서 연습해야 한단 말이야."

"그럼 같이 가자. 나도 가면 안 돼?"

민서는 잠깐 고민을 했다. 생각해 보니 승우가 와서 안 될 이유가 없었다. 같은 음식만 계속 만들다 보니 이제는 맛이 어떤지도 잘 모르겠고, 시식용과 출품용으로 2인분씩 요리를 해야 해서 아저씨랑 완성된 음식을 먹다가도 남기기 일쑤였다. 어쩌면 승우가 할 일이 있을지도 몰랐다.

"그럼 지금 얼른 나와. 같이 가자."

"와우!"

승우는 환호성을 지르며 전화를 끊었다.

"어? 오늘은 친구랑 왔네?"

식당 문을 열고 들어서니 아저씨가 반갑게 맞아 주었다.

"안녕하세요? 민서가 맛있는 것 해 준다고 해서 왔어요."

승우는 꾸벅 인사를 하며 말했다.

"넌 여기 있어. 난 들어가서 연습해야 돼."

"알아. 난 여기서 구경할게."

승우는 탁자에 기대선 채 주방 안을 바라보았다. 복장을 착용하고 주방으로 들어간 민서는 승우를 보며 말했다.

"보지 마. 신경 쓰여."

그때, 아저씨가 민서에게 말했다.

"민서야, 대회에 나가면 얼마나 많은 사람들이 쳐다보는지 알아? 이제 신경 안 쓰는 것도 연습해야지."

민서는 하는 수 없다는 듯 고개를 저으며 조리대 위를 정리했다. 잠시 후, 아저씨가 타이머 버튼을 눌렀고, 아저씨와 민서는 칼질부터 시작했다. 다행히 종료 몇 분을 남겨 두고 요리를 끝낼 수 있었다.

"이제 시간이 좀 안정적으로 남는구나. 그러면 이 시간을 그냥 보내선 안 되지."

아저씨는 재빠르게 달걀을 풀어 체에 거른 뒤 약한 불로 달구어진 팬 위에 수저로 흩뿌렸다. 그랬더니 프라이팬 위에 아주 얇은 달걀 그물이 만들어졌다.

"우와!"

민서와 승우가 동시에 환호성을 질렀다. 아저씨는 뒤집개로 달걀 그물을 걷어내 예쁜 모양으로 찢은 뒤 두 개의 햄버그스테이크 위에 살포시 얹었다. 그 순간 타이머에서 소리가 났다. 아저씨의 동작이 어찌나 빠른지, 순식간에 뭔가 휙 지나간 것처럼 느껴졌다.

"대박!"

승우가 엄지손가락을 치켜들었다.

아저씨와 민서는 완성된 요리를 탁자로 가지고 왔다. 승우는 잔뜩 기대감에 부풀어 어깨까지 들썩거렸다.

"자, 이제 먹자."

아저씨 말이 떨어지기 무섭게 승우는 나이프로 햄버그스테이크를 썰기 시작했다.

"그런데요, 아저씨는 정말 요리를 엄청 잘하시는 것 같아요. 민서가 칼질 한 번 할 때, 아저씨는 서른 번 정도 하시는 것 같던데요?"

"하하하, 나는 요리를 오래 했으니까 그렇지. 민서도 굉장히 잘하는 거야."

"아, 그렇구나! 그런데요, 제가 오늘 보고 느낀 건데요, 요리도 축구만큼이나 팀워크가 좋아야 하나 봐요. 아저씨랑 민서랑 요리하는 게, 뭐가 호흡이 착착 맞는 것 같은 느낌이 들었어요."

"너 축구 좋아하는구나?"

승우는 입안에 햄버그스테이크를 가득 넣고 고개를 끄덕였다.

"먹는 것도 좋아하지?"

아저씨의 질문에 승우는 또 고개를 끄덕였다.

"에이, 오늘 시식할 사람을 잘못 정했다. 채소 싫어하는 친구를 데려왔어야 하는데, 이 친구는 가리는 것 없이 잘 먹잖아."

아저씨가 민서를 보며 말했다.

"맞아요. 얘는 돌도 음식이라고 주면 먹을 거예요."

"무슨 소리야? 난 돌은 안 먹어!"

승우가 억울하다는 듯 소리쳤다. 아저씨는 그런 승우를 보며 웃음을 터뜨렸다.

승우는 혼자서 햄버그스테이크 하나와 프리타타 하나를 모두 해치우고 난 뒤에야 배가 부르다며 포크와 나이프를 놓았다.

"잘 먹었으면 시식 평을 해야지. 음식 어땠어?"

아저씨가 승우에게 물었다.

"음, 일단 다 맛있었고요, 특히 햄버그스테이크는 일부러 말하지 않으면 채소가 그렇게 많이 들어갔는지 아무도 모를 것 같아요. 소스가 엄청 고소하고 버섯이 조금씩 씹혀서 더 좋았어요. 그리고 이건……."

승우가 프리타타 접시를 가리켰다.

"이것도 맛있는데 치즈가 좀 더 적게 들어가도 좋을 것 같아요. 첫 입에 치즈 맛이 너무 많이 났어요."

"오오, 친구가 입맛이 정확하네."

아저씨는 의외라는 듯 놀라며 말했다.

"아, 그리고요, 음료수랑 같이 먹으면 더 좋을 것 같아요. 아주 조금 뻑뻑해요."

"아, 정말 좋은 의견이야. 민서, 오늘 친구 잘 데려왔네."

아저씨가 민서와 승우를 번갈아 보며 웃었다.

"저 다음에 또 와도 되나요?"

승우가 배시시 웃으며 물었다.

"당연하지. 다음에는 음료도 시식해 줘야 하니까 꼭 같이 와."

"와우! 네!"

민서와 승우는 함께 식당을 나섰다.

"아, 정말 행복하다! 좋은 구경도 하고 맛있는 것도 먹고! 게다가 다음에 또 오래. 와우!"

승우는 기분이 좋았는지 계속 옆에서 종알거렸다. 사실 대회가 점점 다가오면서 민서는 더욱 커지는 긴장감과 걱정 때문에 연습을 마치고 나오는 걸음이 무거워지고 있었다. 그런데 오늘은 승우가 옆에 있어서인지 한결 마음이 가벼웠다.

드디어 요리 대회가 열리는 일요일이 되었다. 잠에서 깬 민서는 느릿느릿 움직여 세수를 하고 아빠가 만들어 놓은 샌드위치를 먹었다. 양이 많은 듯해서 반쯤 먹고 일어서려는 순간 초인종 소리가 들렸다.

"민서야! 빨리 가자!"

현관문을 여니 승우와 민서 누나가 제 몸집만 한 응원 피켓을 하나씩 들고 서 있었다. 민서는 어리둥절한 얼굴로 승우와 누나를 쳐다보았다.

"아빠가 오라고 했어. 오늘 엄마가 일 때문에 같이 못 가잖아. 아빠만 혼자 응원하려면 너무 외로울 것 같아서."

아빠가 민서의 어깨에 손을 올리며 말했다.

"아니, 그렇지만 저건 좀……."

민서가 얼굴을 찌푸리며 피켓을 가리켰다.

"야, 이 정도는 당연히 준비해야 하는 거 아니겠어? 어제 누나랑 정말 힘들게 만든 거야!"

승우가 자랑스러운 표정으로 말했다. 민서는 눈을 감고 고개를 절레절레 흔들었다.

"하하, 잘했어! 민서 너도 빨리 준비해. 일찍 가서 대회장도 살펴보고 그래야지."

아빠가 민서를 방으로 밀어 넣었다. 민서는 얼른 옷을 갈아입고 나왔다. 모든 도구와 재료들은 아저씨가 가지고 오기로 했기 때문에 민서는 특별히 준비할 게 없었다.

집을 나와 대회장까지 가는 길, 차창 밖을 내다보니 길가의 은행나무들이 노란색으로 바뀌어 가고 있었다. 그렇지만 민서는 경치를 구경할 여유가 없었다. 신호등을 하나씩 지날 때마다 심장이 두 배씩 빨리 뛸 정도로 긴장되었다. 뛰는 가슴을 진정시키며 대회장에 도착하니 아저씨가 먼저 와서 기다리고 있었다.

대회장인 체육관 안에는 각 팀의 명패가 적힌 커다란 조리대 15개가 놓여 있었다. 민서와 아저씨는 이름이 적힌 조리대로 갔다. 대회가 시작되려면 아직 시간이 조금 남아 있었다.

"그럼 지금부터 슬슬 준비를 해 볼까?"

아저씨가 손을 씻으며 말했다. 민서는 심호흡을 한 번 한 후, 손을 씻고 앞치마와 모자, 마스크를 썼다. 그리고 아저씨가 가지고 온 상자 안에서 재료와 도구들을 꺼내 순서에 따라 쓰기 좋도록 알맞은 위치에 배치해 놓았다.

잠시 후, 사회자가 대회 시작을 알리자 체육관 벽에 붙은 커다란 전자 시계에 불이 번쩍 들어왔다. 민서는 얼른 재료들을 씻은 후 칼질을 시작했다. 아저씨의 손길 역시 분주했다.

민서가 애호박을 먼저 다지고 칼과 도마를 씻은 뒤 시금치를 다지기 시작할 때였다. 심사 위원 중 한 명이 탁자 앞에 멈춰 서더니 민서를 유심히 쳐다보았다. 그 눈길을 느끼는 순간 심장이 엄청난 속도로 쿵쾅거리기 시작했고, 칼질은 자꾸만 느려졌다.

"민서야, 요리에 집중해. 다른 데 신경 쓰다 보면 실수할 수도 있고 다칠 수도 있어."

아저씨가 민서에게 낮은 목소리로 단호하게 말했다. 민서는 다시 한번 마음을 다잡고 앞에 놓인 재료와 도구들만 뚫어져라 쳐다보았다. 그 뒤로도 몇 번, 심사 위원들이 민서네 탁자 앞을 오갔지만, 최대한 신경을 쓰지 않으려 애썼다.

다행히 시간에 늦지 않게 프리타타를 끝낸 민서는 얼른 사과와 당근, 블루베리를 씻어 믹서기에 넣었다. 음료 두 잔까지 모두 완성했을 때, 아저씨는 햄버그스테이크에 달걀 그물을 살포시 얹었다. 시계를 보니

5분 정도가 남아 있었다.

"연습했던 대로 딱 맞게 끝냈다."

아저씨가 민서에게 손바닥을 쫙 펴 보였다. 민서는 얼른 아저씨의 손에 하이파이브를 했다. 그제야 민서의 입에서도 안도의 한숨이 나왔다.

"자, 이제 얼른 제출하자."

음식과 음료를 제출하고 난 후 주변을 둘러보았다. 대부분 음식을 완성해서 제출하고 있었지만, 시간이 부족해 허둥대는 팀도 보였다.

잠시 후, 사회자가 종료 시간을 알리며 대회는 모두 끝이 났다. 민서와 아저씨가 재료와 도구들을 정리하고 있을 때 아빠와 승우, 민서 누나가 응원 피켓을 높이 든 채 탁자로 다가왔다.

"민서야, 너 진짜 잘하더라. 내가 오늘 하루 모든 걸 포기하고 온 보람이 있어."

민서 누나가 엄지손가락을 치켜올렸다. 옆에서 승우도 고개를 끄덕이며 엄지손가락을 올려 보였다.

탁자 위에 있던 재료와 도구들을 정리하고 승우, 민서 누나와 이야기를 나누다 보니 어느새 한 시간이 훌쩍 지나갔다.

"자, 지금부터 결과를 발표하겠습니다."

사회자의 말에 어수선하던 대회장이 조용해졌다.

"이번 대회는 대상 한 팀, 최우수상 한 팀, 그리고 우수상 두 팀, 모두

네 팀이 입상을 하게 됩니다. 결과와 상관없이 저는 이 자리에 있는 모든 팀에게 멋지다고, 수고하셨다고 박수를 보내 드리고 싶네요. 자, 그럼 우수상을 먼저 발표하겠습니다."

민서는 두 손을 꼭 모으고 사회자를 바라보았다. 승우와 누나도 민서를 따라 두 손을 모았다.

"첫 번째 우수상 수상자는 가족의 힘을 보여준 팀이죠? 김재현, 김호영, 김아영 팀입니다. 그리고 두 번째 수상 팀은 모래벌초등학교 방과 후 요리 교실의 유정희, 서상현, 김혜원 팀입니다!"

상을 받은 팀의 탁자에서는 환호성이 터져 나오고, 다른 사람들은 모두 박수를 쳤다. 민서 역시 손으로는 박수를 치고 있었지만, 마음은 초조하기만 했다. 우수상 시상이 끝나고 사회자가 다시 마이크를 들었다.

"자, 이제 최우수상 수상자를 발표할 순서죠. 최우수상은……."

민서는 또다시 손을 모아 쥐었다. 너무 긴장해서 입술도 바짝바짝 마르는 것 같았다.

"아빠 친구와 친구 아들이라는 색다른 조합으로 이루어진 팀이죠? 이동호, 정민서 팀입니다!"

발표와 동시에 승우가 민서의 어깨를 끌어안으며 펄쩍펄쩍 뛰었다. 민서는 한순간에 긴장이 풀려 어리둥절한 얼굴로 주변을 둘러보았다. 모든 사람들이 아저씨와 민서를 향해 박수를 치고 있었다.

"자, 나가자!"

아저씨가 민서의 손을 잡아끌었다. 아저씨와 민서가 나가는 동안 심사 위원이 최우수상 선정 이유를 말했다.

"이동호, 정민서 팀은 무엇보다 음식에 대한 기본적인 자세가 아주 좋았습니다. 요리를 하는 동안 모든 도구와 재료를 위생적으로 관리했고, 순서를 정해 조리하는 것이 눈에 띄었죠. 또한 다른 많은 팀들과 달리 팀원이 두 명 뿐이었지만, 서로 손을 착착 맞추어서 여유롭게 요리를 완성해 내는 모습이 인상적이었습니다."

아저씨와 민서는 단상 위로 올라가 상장과 메달, 부상인 농수산물 상품권을 받아서 내려왔다.

"우리 민서, 정말 잘했어. 이제 요리사 다 됐네."

아저씨가 민서의 머리를 쓰다듬으며 말했다. 아저씨에게 요리사라는 말을 듣다니, 기분이 날아갈 것 같았다.

나쁜 습관 없애기 3

생각의 전환이 필요해!

• 나쁜 습관은 대부분 즉각적이고 강한 즐거움을 제공합니다. 게임이나 유튜브가 그렇지요. 이런 습관을 버리려고 시도하면 우리 마음속은 아쉬워하면서 손해를 보았다고 생각합니다. 이런 생각을 바꿔야 나쁜 습관을 버릴 수 있습니다.

📌 여러분이 버리고 싶은 습관을 적고 나쁜 습관을 버렸을 때 어떤 이득과 손해가 있는지를 살펴 봅시다.

버리고 싶은 습관	손해	이득
집에서 스마트폰 하는 습관	재미가 없다. 심심하다. 친구들과 할 이야기가 줄어든다.	다른 재미있는 것들을 할 시간이 생긴다. 숙제를 다 해 가서 칭찬받을 수 있다. 성적이 오른다. 잠을 충분히 잔다.

 ## 예상치 못한 큰 선물

대회가 끝나고 보름 후, 민서와 아저씨는 아저씨네 식당에서 예정되어 있던 어린이 신문 인터뷰를 했다. 민서와 아저씨, 그리고 기자 누나는 요리를 시작하게 된 계기, 대회 연습 과정, 재미있던 일과 힘들었던 일 등에 대해 오랫동안 이야기를 나누었다.

"자, 그럼 마지막 질문인데요. 민서는 장래 희망이 요리사인가요?"

민서는 잠깐 생각을 하다가 아저씨를 힐긋 보며 대답했다.

"아니요."

"어? 그럼 장래 희망이 뭐예요?"

"아직 확실히 정한 건 없어요. 아빠처럼 식품 회사 연구원이 되는 것도 재미있을 것 같고……. 엄마는 동물 보호 단체에서 일하시는데 그것도 멋있어 보여요. 예전에는 소방관도 하고 싶었고, 지금은 선생님도 하고 싶고……. 하고 싶은 게 너무 많아서 잘 모르겠어요."

"정말 하고 싶은 일이 많기도 하네요."

기자 누나가 웃음을 터뜨렸다. 타닥타닥 노트북 자판을 두드리는 소리가 경쾌하게 들렸다.

"아마 얘는 뭘 해도 잘 할 거예요."

아저씨가 민서를 가리키며 말했다.

"민서가 엄청 똘똘한가 봐요?"

기자 누나가 민서를 향해 눈을 찡긋하며 물었다.

"아, 그것보다도…… 이 친구는 무슨 일이든 꾸준히 계속 이어 가는 힘이 있거든요."

"꾸준히 계속이요?"

아저씨가 고개를 끄덕이며 말했다.

"네. 이 친구는 어떤 일을 시작하면 그 일이 몸에 익을 때까지 꾸준히 해요. 요리의 기본 자세도 그렇게 몸에 익혔고, 칼질도 그랬어요. 요리 시작부터 완성까지 모든 과정을 반복 연습하면서 습관으로 만들어 버리더라고요. 아마 다른 일을 하더라도 그렇게 할 거예요."

민서는 '습관'이라는 말에 깜짝 놀라 아저씨를 쳐다보았다. 아저씨는 그런 민서를 보며 빙그레 웃었다.

"어떤 일이든 반복하면서 습관을 만든다! 제 생각에는 이거야말로

천재성만큼이나 뛰어난 재능 같은데요?"

"그렇죠!"

인터뷰가 끝나고, 민서는 집으로 가는 내내 선생님이 말했던 '습관'과 아저씨가 말한 '습관'에 대해 곰곰 생각해 보았다. 어떤 일을 꾸준히 해서 몸에 익게 만드는 것, 그건 선생님이 말했던 습관 만들기와 같은 것이었다. 지금까지는 선생님의 이야기가 막연하게 느껴졌는데, 이제야 그 말뜻을 확실히 알 것 같았다.

며칠이 지났다. 점심 시간이 끝나고 교실로 들어와 보니 교탁 위에 어린이 신문이 놓여 있었다. 민서보다 승우가 더 빨리 교탁으로 달려가 신문을 펼쳐 보았다.

"야! 정민서, 신문에 나왔다!"

승우가 교실이 쩌렁쩌렁 울릴 만큼 큰 소리로 외쳤다. 교실로 들어오던 아이들이 깜짝 놀라 승우 옆으로 모여들었다.

"우와! 대박!"

"민서 나왔어, 민서!"

순식간에 교실이 시끌벅적해졌다. 수업을 하기 위해 교실로 들어오던 선생님이 아이들의 소동에 놀라 걸음을 멈추었다.

"선생님! 민서가 신문에 나왔어요!"

선생님이 물어보기도 전에 승우가 소리쳤다.

"민서가 신문에?"

선생님은 승우가 건네주는 신문을 받아 들고 기사를 읽기 시작했다. 그러는 사이 아이들도 하나둘씩 제자리로 들어와 앉았다. 아이들이 모두 앉아 책을 펼쳐 놓고 수업 시작을 기다릴 때까지도 선생님은 여전히 신문 기사를 읽고 있었다. 어찌나 천천히, 꼼꼼히 읽는지 민서는 혹시 뭔가 잘못된 게 있나 싶어 마음을 졸일 정도였다.

"민서야, 축하해! 음, 지금 내가 굉장히 벅차고 감동적이어서 어떤 말로 축하를 하면 좋을지 생각이 안 날 정도야. 정말정말 축하한다!"

신문을 덮은 선생님이 민서를 바라보며 말했다. 어떻게 보면 특별할 것 없는 축하 인사였지만, 이상하게도 한마디 한마디가 마음에 깊이 와 닿았다.

그날 종례 시간, 선생님은 아이들을 둘러보며 질문을 하나 던졌다.

"애들아, 너희들 밥 먹을 때 어떤 도구를 쓰지?"

갑작스러운 질문에 아이들은 어리둥절한 얼굴로 대답했다.

"숟가락이랑 젓가락이요."

"맞아. 그런데 왜 숟가락이랑 젓가락을 써?"

"그냥, 계속 썼으니까요."

"원래 그런 거 아니에요?"

여기저기서 대답이 튀어나왔지만, 결국 모두 비슷한 뜻으로 하는 말들이었다.

"음, 밥을 먹을 때, 손으로 먹을 수도 있고 포크를 사용할 수도 있잖아. 실제로 다른 나라 사람들 중에는 그렇게 먹는 사람도 많고. 세계적으로 본다면 숟가락과 젓가락을 쓰는 사람의 수가 훨씬 적을지도 몰라. 그런데 왜 우리는 너무나 당연하게 밥 먹을 때 숟가락과 젓가락을 쓰는 걸까?"

선생님의 이야기가 길어질수록 아이들은 점점 더 말이 없어졌다.

"우리는 스스로 밥을 먹기 시작하면 숟가락과 젓가락을 어떻게 사용하는지 배워요. 밥을 먹을 때마다 숟가락과 젓가락을 사용하면서 자연스럽게 익숙한 습관이 되는 거예요. '이번엔 손과 포크를 사용해 볼까?'라고 생각할 것도 없이 당연히 수저를 들게 되는 거죠. 그렇지?"

"네."

"내가 습관 이야기를 한 지도 한참 지났고, 또 방학이며 새 학기며 어수선한 시간들이 지나가면서 많은 습관들이 무너졌을 수도 있어요."

몇몇 아이들이 고개를 끄덕였다.

"그런데 오늘 내가 민서 나온 신문 기사를 보면서 여러분에게 이 이야기를 꼭 해 주고 싶었어요. 민서야, 요리를 할 때 넌 어떤 생각을 하면서 요리했어?"

갑작스러운 질문에 민서는 잠깐 머뭇거리다가 머쓱한 표정으로 대답했다.

"별 생각 안 했는데요."

"그렇지. 왜냐하면 이미 요리를 하는 모든 과정이 습관이 되어 있었거든."

아이들은 조금씩 고개를 끄덕였다.

"그러면 민서야, 처음 요리할 때는 어땠어?"

민서는 아저씨네 식당에 가기 시작할 때를 떠올려 보았다.

"처음에는 손 씻는 것도 깜박할 뻔하고, 주방에 들어갈 때마다 앞치마랑 모자, 마스크 같은 걸 착용하는 게 익숙하지 않았어요. 칼질도 정말 못했고요. 요리를 배울 때는 필요한 도구들을 미리 챙겨 놓지 않아 실수를 하기도 했어요."

"그래서 어떻게 했어?"

선생님의 질문에 민서는 잠깐 아이들의 눈치를 살피다가 말했다.

"그냥…… 만들고 싶은 습관을 모두 공책에 적어서 거의 매일 읽었어요. 요리하기 전에 준비 잘 하기, 하루 한 번 칼질 연습, 요리할 때 도구 잘 챙기기 같은 것들이요."

"지금도 매일 읽고 있어?"

민서는 고개를 저었다.

"아니요. 지금은 안 읽어요. 요즘은 실수를 잘 안 해서……."

선생님은 웃으며 고개를 끄덕이다가 말했다.

"오늘 신문 기사 내용 중에 민서와 함께 대회에 나갔던 요리사님이 '민서는 요리 과정을 꾸준히 반복 연습해서 습관으로 만들어 버렸다'라고 말씀하신 부분이 있었어. 그걸 보면서 민서는 내가 말하고 싶었던 것을 결과로 보여 줬다는 생각이 들더라. 그래서 내가 그렇게 기분이 좋았던 거야."

선생님은 아이들을 한번 둘러보며 물었다.

"아마 여러분도 꿈을 위해서, 또 지금보다 더 나은 사람이 되기 위해서 여러 가지 습관을 만들고 싶었을 거야. 그렇지만 때로는 어떤 일을 꾸준히 한다는 게 참 어렵게 느껴지기도 하지?"

아이들이 대부분 고개를 끄덕였다.

"그럴 때는 '내가 이걸 해야 한다'라고 생각하지 말고, '나는 원래 이 일을 하던 사람이야!'라고 생각을 바꿔 보면 어떨까? 밥 먹을 때 아무런 고민을 하지 않고 수저를 쓰는 것처럼 말이야. 물론 그렇게 생각한다고 해서 모든 게 달라지진 않겠지만, 그래도 그 생각 덕분에 작은 변화라도 있으면 보람 있는 일이잖아."

아이들은 말없이 선생님 말씀에 집중했다.

"자, 오늘도 종례가 길어졌네. 다들 조심히 집에 잘 가고, 내일 또 웃으면서 만납시다!"

인사를 하고 선생님은 교실을 나갔다. 민서와 승우도 가방을 들고 일어섰다. 아이들이 민서 옆을 지나면서 한마디씩 던졌다.

"민서야, 정말 축하해!"

"민서 넌 진짜 좋겠다."

"나중에 나도 맛있는 거 해 줘!"

"너 정말 대단한 것 같아."

아이들 말을 들을 때마다 민서의 마음은 점점 더 뿌듯해져 왔다. 별것 아닌 일이라 생각했고, 그냥 하고 싶은 걸 한다고만 생각했는데, 이런 결과라니……. 정말이지 예상하지 못했던 대단한 선물을 받은 것 같았다.

학교 수업이 끝나고 집으로 간 민서는 늘 그랬듯이 학원에 갈 때까지 남은 시간 동안 칼질 연습을 했다. 특별한 이유는 없었다. 그냥 습관, 말 그대로 습관이었다. 아마도 새로운 목표가 생기고, 그 목표에 걸맞은 새로운 습관을 만들 때까지 이 시간은 계속 칼질을 연습하는 시간이 될 것 같았다.

학원에 다녀온 후에도 마찬가지였다. 저녁 식사를 마치면 책 읽는 엄마 옆에서 숙제를 하는 게 습관이 되었다. 이제는 이 시간에 학원 숙제를 하지 않으면 이상할 것 같았다.

숙제를 다 마친 민서는 텔레비전이나 동영상을 보는 대신 책상에 앉아 오랜만에 습관 노트를 꺼냈다. 그리고 만들고 싶은 습관을 적었던 페이지를 펼쳐 보았다.

거기에는 정말 이제 굳이 신경 쓰지 않아도 될 만큼 몸에 완전히 익어 버린 습관도 있고, 아닌 것도 있었다. 민서는 잘 만든 습관에 동그라미를 하나하나 쳐 보았다. 그리고 앞으로 더 많은 동그라미가 그려질 수 있게 좋은 습관을 더 만들고 싶다고 생각했다.

나쁜 습관 없애기 4

나만의 벌칙 정하기

- 나쁜 습관대로 움직였을 때 나쁜 결과가 따라온다면, 중단하기가 훨씬 쉽습니다. 지각을 하거나 숙제를 안 했을 때 벌점을 주는 것도, 나쁜 행동이 습관이 되지 않도록 막아 주는 장치가 된답니다.

📌 나쁜 습관을 했을 때 주는 벌칙을 스스로 정해 보세요. 여러분이 좋아하는 것을 하지 않거나 싫어하는 것을 하도록 하는 게 좋습니다. 다음을 참고하세요.

약속	벌칙
1시간 이상 스마트폰 게임을 하지 않는다.	- 다음 날 스마트폰을 엄마에게 하루 동안 맡긴다. - 두 번 지키지 못하면 2일간 '스마트폰 금지', 이런 식으로 하루씩 늘려 간다.

📌 스스로에게 한 약속을 믿을 만한 다른 사람에게 이야기한다면 지킬 확률이 더욱 높아집니다. 부모님이나 선생님, 친한 친구에게 자신이 하기로 한 약속과 지키지 못했을 때의 벌칙을 이야기해 보세요. 그들을 실망시키고 싶지 않아서 더 열심히 지킬 수 있답니다.

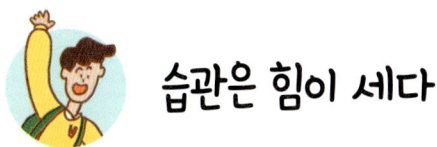 ## 습관은 힘이 세다

"민서야, 여기야!"

쌩쌩 불어오는 한겨울 칼바람에 몸을 웅크리며 교문 안으로 들어서자, 운동장 저편에서 승우가 손짓을 하며 불렀다. 다른 학교 아이들과 축구 경기가 있는 날이었다. 승우는 춥지도 않은지 점퍼도 벗어 던진 채 운동장을 뛰며 몸을 풀고 있었다.

"야, 날씨도 추운데 무슨 축구야?"

"날씨가 무슨 상관이야? 뛰다 보면 땀이 얼마나 많이 나는지 알아?"

오늘 경기는 늘 축구공을 끼고 다니던 승우가 옆 동네 학교까지 가서 처음 보는 아이들과 협의를 해 만들어 낸 것이었다. 학교 대항 경기라고 어찌나 떠벌리고 다녔는지, 평소에 승우와 친한 아이들은 물론이고 얼굴만 겨우 아는 아이들까지도 나와서 경기 시작을 기다리고 있었다.

민서는 관람석에 앉아 운동장에서 활발하게 몸을 푸는 아이들을 바라보았다. 날씨가 꽤나 추운데도 아이들은 얇은 점퍼만 입고 운동장 구석구석을 뛰어 다녔다.

잠시 후, 경기가 시작되었다. 모두가 예상한 대로 승우는 공격수로 나섰고, 상대 팀을 제치며 계속해서 슛을 쏘았다. 그렇지만 상대 팀 선수들도 만만한 상대는 아니었다. 공격수들은 달리기가 제법 빨랐고, 수비수들도 걸핏하면 승우를 꽁꽁 둘러싸 꼼짝 못하게 만들었다. 두 팀의 경기는 제법 치열했다. 전반전이 끝나고 관람석으로 온 승우는 헉헉대며 물을 들이켰다.

"쟤네들 엄청 잘하는데? 학교에서 제일 잘하는 애들인가 봐."

민서가 승우 옆에 선 채 말했다.

"야! 우리도 제일 잘하는 애들이야."

"그래, 둘 다 잘하네. 그래서 누가 이길지 모르겠어."

"그게 무슨 소리야?"

승우가 버럭 소리를 쳤다. 민서는 깜짝 놀라 몸을 움츠렸다.

"두고 봐. 꼭 이길 거니까……."

승우의 두 눈이 민서 누나와 싸울 때처럼 이글이글 불타올랐다.

"그래그래. 이길 것 같아. 난 믿어!"

민서가 두 주먹을 불끈 쥐고 무릎을 살짝 굽히며 말했다. 평소라면 어이가 없어서라도 한 번은 웃었을 텐데, 오늘은 승우의 표정이 좀처럼 부드러워지지 않았다.

잠시 후, 아이들이 다시 운동장으로 모이고 후반전을 알리는 호루라기 소리가 들려왔다. 두 팀의 아이들은 또다시 치열하게 뛰기 시작했다. 그렇게 얼마나 뛰었을까? 상대방 선수들에게 둘러싸여 있던 승우가 같은 팀 친구에게 공을 패스하고, 수비수들을 뚫은 후 다시 공을 넘겨받으려 할 때였다.

"아우, 어떡해!"

여기저기에서 한숨 소리가 터져 나왔다. 승우에게 공을 넘겨줘야 할 아이가 그만 공에 미끄러져 넘어져 버리고 만 것이었다. 승우가 정신없이 달려갔지만 이미 공은 상대팀 아이의 발 앞에 있었다. 그리고 그 다음이었다. 모두가 기억하는 전설의 장면이 탄생한 순간이…….

승우는 다리를 쫙 벌리더니 마치 컴퍼스로 동그라미를 그리듯이 움직이며 순식간에 상대 선수에게서 공을 빼앗아 왔다. 그러고는 곧장 자세를 바꿔 슛을 쏘았고, 공은 그대로 골대 안으로 빨려 들어갔다. 그 모습이 어찌나 멋지고 자연스러웠던지, 아이들은 잠시 소리 지르는 것도 잊고 골대만 바라보았다.

"우우와아아! 정승우! 정승우!"

승우는 운동장을 펄쩍펄쩍 뛰며 세리머니를 했고, 어느새 운동장은

승우의 이름을 외치는 소리로 가득 찼다. 그 후로도 10분 정도 경기가 이어졌다. 그렇지만 계속해서 팽팽하게 맞설 뿐, 어느 팀도 더 이상의 득점은 없었다.

"정승우! 정승우!"

관람석에 앉아 있던 아이들은 경기를 마치고 들어오는 승우의 이름을 크게 외쳤다. 민서는 땀에 젖은 채 터벅터벅 걸어 들어오는 승우에게 음료수를 건넸다.

"힘들지? 한 번도 안 쉬고 계속 뛰어서……."

승우는 음료수를 벌컥벌컥 들이키고는 한숨을 한 번 내쉬었다.

"아니! 이겨서 안 힘들어……."

말은 그렇게 했지만, 다른 때와 달리 승우는 많이 지쳐 보였다. 아이들은 그런 승우에게 "최고야!"라며 엄지손가락을 치켜올렸고, 옆 동네 학교 아이들도 정말 잘한다며 한마디씩 인사를 건넸다. 운동장에 있던 아이들이 거의 다 빠져나갈 때까지도 승우는 자리에 앉은 채 멍하니 운동장만 바라보았다.

"승우야, 안 가? 우리도 가야지."

옆에 앉아 있던 민서가 일어서자 승우도 엉덩이를 탈탈 털며 자리에서 일어섰다.

집으로 가는 길, 어느새 하늘에 노을이 지기 시작했다. 민서는 힘들

없을 승우를 위해 최대한 천천히 걸었다.

"야, 오늘은 정말 힘들었어. 못 이길 뻔했다고……."

승우의 말에 민서가 고개를 끄덕였다.

"맞아. 걔네들 정말 잘하더라."

"하아, 요가를 해 두었으니 다행이지, 안 그랬으면 또 예전처럼 넘어졌을 거야. 내 다리가 그렇게 잘 벌어지게 될 줄은 상상도 못했어."

승우의 말에 민서는 또 고개를 끄덕였다.

"하긴, 나도 몇 달 전만 해도 요리를 이렇게 잘하게 될지 몰랐지."

생각해 보면 정말 놀라운 일이었다. 아주 긴 시간은 아니었는데 그동안 승우는 다리를 마음대로 뻗고 구부릴 만큼 유연성이 좋아졌고, 민서는 누가 봐도 요리를 잘하는 아이가 되어 있었다.

상상도 못했던 변화였다. 더 놀라운 것은, 그렇게 달라질 수 있었던 이유가 겨우 하루 몇 분의 습관 덕분이라는 것이었다.

"야, 정민서가 오늘 뭐 줄 거 있다고 너 데리고 오라던데?"

"아, 내가 누나한테 해외 요리 동영상 번역 좀 부탁했거든. 자막이 없어서……. 그거 다 됐나 보다."

민서의 말에 승우는 고개를 절레절레 저었다.

"하여튼 정민서들이란……. 그런데 너 겨울 방학엔 뭐할 거야? 할 거 없으면 나랑 같이 운동하러 다니자."

"싫어. 그리고 나 할 거 있어. 조리기능사 시험 준비할 거야."

"조리기능사? 요리하는 거?"

"응. 일단 필기시험부터 볼 거야. 아저씨가 도와준다고 하셨어."

"너 진짜 요리사가 될 생각인 거야?"

"그건 아니고, 조리기능사 필기시험 최연소 합격자가 초등학교 5학년 아이였대. 그 말을 듣고 나니까 나도 도전해 보고 싶더라. 뭐 그래서 한번 해 보려고……."

"와! 초등학교 5학년? 대단하다."

"그런데 넌 무슨 운동을 또 하려고 그래? 지금도 축구도 하고 요가도 하잖아."

"이젠 근력 운동을 좀 해야겠어. 축구를 더 잘하려면 몸의 힘이 좋아야 할 것 같아."

민서는 이해할 수 없다는 듯 머리를 갸웃했다.

"아 왜? 운동해서 온 몸이 근육으로 단단해질 걸 생각하면 벌써부터 기분이 막 좋은데?"

"하긴 나도 조리기능사 시험 합격할 걸 생각하니까 지금부터 막 행복해."

민서와 승우는 서로를 바라보며 고개를 가로저었다. 그렇지만 둘 다 알고 있었다. 목표도 과정도 달랐지만, 지난 시간 쌓아 온 습관이 지금의 자신들을 만들었듯이, 지금부터 만들어 나갈 습관들이 자신들을 더 멋지게 만들어 줄 것을⋯⋯.

 나란히 걸어가는 민서와 승우의 등 뒤로 설렘을 잔뜩 담은 두 그림자가 쌍둥이처럼 길게 펼쳐졌다.

 습관 만들기 8

나에게 딱 맞는 습관을 찾아서

- 지금까지 우리는 좋은 습관을 기르는 방법과 나쁜 습관을 버리는 방법에 대해서 알아보았습니다. 이 방법들이 익숙해진다면 좋은 습관을 많이 쌓아 올릴 수 있을 것입니다.

- 마지막으로 여러분에게 원하는 것을 이루기 위한 두 가지 비밀을 밝히려고 합니다.

- 첫 번째, 자신에게 딱 맞는 좋은 습관을 찾으라는 것입니다. 좋은 습관은 개인마다 다릅니다. 다음의 질문에 스스로 대답해 보세요.
    - 나는 무엇을 하면 재미있는가?
    - 무얼 할 때 시간 가는 것을 잊고 몰입하게 될까?
    - 내가 다른 사람보다 더 잘하는 것은 무엇일까?

- 두 번째, 두 번은 거르지 말라는 것입니다. 한 번은 괜찮지만, 두 번은 습관이 되기 때문입니다.

- 이제 여러분은 습관의 힘을 통해 원하는 것을 이룰 수 있을 것입니다.